虚拟仿真 经管

市场调查与预测实训教程

SHICHANG DIAOCHA YU YUCE SHIXUN JIAOCHENG

吕小宇 主编　梁抒 副主编

Southwestern University of Finance & Economics Press
西南财经大学出版社

图书在版编目(CIP)数据

市场调查与预测实训教程/吕小宇主编.—成都:西南财经大学出版社,2017.1(2019.1重印)

ISBN 978-7-5504-2664-1

Ⅰ.①市… Ⅱ.①吕… Ⅲ.①市场调查—教材②市场预测—教材
Ⅳ.①F713.5

中国版本图书馆CIP数据核字(2016)第229263号

市场调查与预测实训教程

主　编:吕小宇

副主编:梁　抒

责任编辑:高小田

封面设计:穆志坚

责任印制:朱曼丽

出版发行	西南财经大学出版社(四川省成都市光华村街55号)
网　　址	http://www.bookcj.com
电子邮件	bookcj@foxmail.com
邮政编码	610074
电　　话	028-87353785　87352368
照　　排	四川胜翔数码印务设计有限公司
印　　刷	四川五洲彩印有限责任公司
成品尺寸	185mm×260mm
印　　张	7.5
字　　数	165千字
版　　次	2017年1月第1版
印　　次	2019年1月第3次印刷
书　　号	ISBN 978-7-5504-2664-1
定　　价	18.00元

经管类专业虚拟仿真实验系列教材
编　委　会

总 序

实践教学是高校实现人才培养目标的重要环节，对形成学生的专业素养，养成学生的创新习惯，提高学生的综合素质具有不可替代的重要作用。加强和改进实践教学环节是促进高等教育方式改革的内在要求，是培养适应社会经济发展需要的创新创业人才的重要举措，是提高本科教育教学质量的突破口。

信息通信技术（ICT）的融合和发展推动了知识社会以科学2.0、技术2.0和管理2.0三者相互作用为创新引擎的创新新业态（创新2.0）。创新2.0以个性创新、开放创新、大众创新、协同创新为特征，不断深刻地影响和改变着社会形态以及人们的生活方式、学习模式、工作方法和组织形式。随着国家创新驱动发展战略的深入实施，高等学校的人才培养模式必须与之相适应，应主动将“创新创业教育”融入人才培养的全过程，应主动面向“互联网+”不断丰富专业建设内涵、优化专业培养方案。

“双创教育”为经济管理类专业建设带来了新的机遇与挑战。经济管理类专业建设一方面应使本专业培养的人才掌握系统的专门知识，具有良好的创新创业素质，具备较强的实际应用能力。另一方面，经济管理类专业建设还应主动服务于以“创新创业教育”为主要内容的相关专业的建设和发展。为了更好地做好包括师资建设、课程建设、资源建设、实验条件建设等内容的教学体系建设，教学内容、资源、方式、手段的信息化为经济管理类专业建设提供了有力的支撑。《国家中长期教育改革和发展规划纲要（2010—2020年）》提出：“信息技术对教育发展具有革命性的影响，必须予以高度重视。”《教育信息化十年发展规划（2011—2020）》提出：推动信息技术和高等教育深度融合，建设优质数字化资源和共享环境，在2011—2020年建设1 500套虚拟仿真实训实验系统。经济管理类专业的应用性和实践性很强，其实践教学具有系统性、综合性、开放性、情景性、体验性、自主性、创新性等特征，实践教学平台、资源、方式的信息化和虚拟化有利于促进实践教学模式改革，有利于提升实践教学在专业教育中的效能。但是，与理工类专业相比，经济管理类专业实践教学体系的信息化和虚拟化起步较晚，全国高校已建的300个国家级虚拟仿真实验教学中心主要集中在理工医类专业。因此，为了实现传统的验证式、演示式实践教学向体验式、互动式的实践教学转变，将虚拟仿真技术运用于经济管理类专业的实践教学显得十分必要。

重庆邮电大学经济管理类专业实验中心在长期的实践教学过程中，依托学校的信息通信技术学科优势，不断提高信息化水平，积极探索经济管理类专业实践教学的建设与改革，形成了“两维度、三层次”的实践教学体系。在通识经济管理类人才培养的基础上，将信息技术与经济管理知识两个维度有效融合，按照管理基础能力、行业应用能力、综合创新能力三个层次，主要面向信息通信行业，培养具有较强信息技术能力的经济管理类高级人才。该中心2011年被评为"重庆市高等学校实验教学示范中心"，2012年建成了重庆市高校第一个云教学实验平台——"商务智能与信息服务实验室"。2013年以来，该中心积极配合学校按照教育部及重庆市建设国家级虚拟仿真实验教学中心的相关规划，加强虚拟仿真环境建设，自主开发了"电信运营商组织营销决策系统""电信boss经营分析系统""企业信息分析与业务外包系统"三套大型虚拟仿真系统，同时购置了"企业经营管理综合仿真系统""商务智能系统"以及财会、金融、物流、人力资源、网络营销等专业的模拟仿真教学软件，搭建了功能完善的经济管理类专业虚拟化实践教学平台。

为了更好地发挥我校已建成的经济管理类专业虚拟实践教学平台在"创新创业教育"改革中的作用，在实践教学环节让学生在全仿真的企业环境中感受企业的生产运营过程，缩小课堂教学与实际应用的差距，需要一套系统规范的实验教材与之配套。因此，我们组织长期工作在教学一线、具有丰富实践教学经验和企业经历的教学和管理团队精心编写了系列化实验教材，并在此基础上进一步开发虚拟化仿真实践教学资源，以期形成完整的基于教育教学信息化的经济管理类专业的实践教学体系，使该体系在全面提升经济管理类专业学生的信息处理能力、决策支持能力和协同创新能力方面发挥更大的作用，同时更好地支持学校正实施的"以知识、能力、素质三位一体为人才培养目标，以创新创业教育改革为抓手，以全面教育教学信息化为支撑"的本科教学模式改革。各位参编人员广泛调研、认真研讨、严谨治学、勤勤恳恳，为该系列实验教材的出版付出了辛勤的努力，西南财经大学出版社为本系列实验教材的出版给予了鼎力支持，本系列实验教材的编写和出版获得了重庆市高校教学改革重点项目"面向信息行业的创新创业模拟实验区建设研究与实践（编号132004）"的资助，在此一并致谢！但是，由于本系列实验教材的编写和出版是对虚拟化经济管理类专业实践教学模式的探索，经济管理类专业的实践教学内涵本身还在不断地丰富和发展，加之出版时间仓促，编写团队的认知和水平有限，本系列实验教材难免存在一些不足，恳请同行和读者批评指正！

林金朝

二零一六年八月

前言

随着经济全球化的推进和消费者意识的提高，促使企业对信息产生了更高更广的需求，企业的营销决策人员需要对消费者的消费习惯和趋向有更准确、更深入的了解、把握。市场调查与预测作为一项有效的营销工具，有助于企业管理人员准确把握市场动向及消费者需求，为企业开展市场销售提供信息，为决策者提供决策依据。

传统的市场调查与预测实验课程和实训课程，通常由教师布置一些调查主题，然后学生自行收集资料并撰写调查报告。这种走马观花的实训教学只能给学生以感性的认识和直观的了解，无法让学生学以致用、亲身实践。如何缩小理论教学与实际能力之间的差距，让学生在有限的学习时间内体会不同行业的市场调研方法，从理论意识和实践能力上都对市场调研有一个清晰、明确的认识；能敏锐地发现企业所存在的问题或提出问题，并根据企业的问题提供市场调研方案，有效执行调研计划，并最终提交调研报告；减轻课堂教学及实习教学中教师的工作强度。目前相应的教学手段、实验环境、教学工具却无法完成这样的任务。经过多年的研究和实践，研究者依托浙科市场调研模拟教学软件，创立了一种全新高效的市场调查与预测实训模式，并取得了一定的成绩。为了使这门课程得以广泛推广，让更多的学生和学校从中受益，在西南财经大学出版社的大力支持下，本书得以出版。研究者希望通过教材的出版，推广一门实训课程和一种教学模式，也希望抛砖引玉，收集更多对市场调查与预测实训课程的创新意见。本门课程具有以下特点：

（1）提升了学生对市场调查与预测的认识高度

以往的教学模式，学生更多充当的是调研员的角色，担任数据收集和简单分析的职责。本门课程让学生站在市场调研项目管理者的高度，承担项目组织、市场调研策划、人员选拔培训、预算安排等职能。学生能以更加宏观的角度认识市场调研项目的开展。

（2）增加了师生交流互动

以往的教学模式，教师在布置调研任务后会采用阶段性集中授课等方式指导学生开展市场调研。这种模式延长了市场调研周期，学生调研进度难以把控，学生遇到问题不能及时得到教师的指导，问题的修正效果不能及时得到教师的反馈，知识难以共享。本门课程采用在线互动的方式，教师可以随时审查学生的调研进度，也可以在一个实验阶段完成后对学生的成果进行批阅。

(3) 丰富了市场调研实训内容

本门课程不仅完成了一个市场调研项目从开始到结束的实训内容，同时还可以开展在线案例分析、在线考试等内容，从而达到让学生理论与实践相结合的目的，是理论教学的有效补充。此外，本门课程也提供在线问卷撰写，题库中的多种题型和题目编写方式开拓了学生的思维，提高了问卷编写效率和质量。

(4) 规范了学生对市场调研的操作

市场调查的步骤是缜密严谨的，但是学生往往会根据自己的喜好或难易程度来开展市场调研流程。本门课程的市场调研项目实践实验一共分为三个阶段，每个阶段均有若干个步骤，这些步骤均为层次递进关系，前一步骤实验完成之后，才能开始后一步骤的实验。这样可以培养学生良好的习惯，规范市场调研操作。

(5) 实训效果广泛认同

市场调查与预测实训让学生全面实践了课堂所学的知识，加深了学生对市场调查与预测的认识，强化了学生市场调查与预测的操作技能。从教师的角度，市场调查与预测实训提升了理论教学效果，提高了实验实训的质量和效率，简化了教师的工作内容。重庆邮电大学经济管理学院开展这一实训活动以来，获得了历届师生的热烈欢迎和好评。

本书在体现上述特色的同时还具有通俗易懂、生动活泼、易于操作的特点，教材融入了重庆邮电大学经济管理学院实验创新项目组多年的经验，以大量的实例对市场调查与预测实训进行了内容补充和操作优化，取得良好的教学效果。本书不仅适合工商管理类本科学生使用，也适合专科高职学生使用。

本书由吕小宇编写大纲和修改定稿，梁抒担任副主编。第1、3、4、5、6章由吕小宇编写；第2章由梁抒编写。李忆老师在SPSS分析部分给予了指导。罗明月和康琳琳同学也承担了本书的资料收集和编校的工作。在本书编写过程中得到了重庆邮电大学经济管理学院领导和西南财经大学出版社领导的鼎力支持与帮助，在此表示衷心的感谢。

限于作者水平，书中不足之处仍难避免，敬请读者批评指正。

编　者

2016年4月

目 录

1 市场调查与预测实训课程概述 / 1

1.1 课程开设背景 / 1

1.2 课程特点 / 1

1.2.1 提升了学生对市场调查与预测的认识高度 / 1

1.2.2 增加了师生交流互动 / 2

1.2.3 丰富了市场调研实训内容 / 2

1.2.4 规范了学生对市场调研的操作 / 2

1.2.5 实训效果广泛认同 / 2

1.3 课程理论基础 / 2

1.4 课程实训程序 / 3

1.4.1 模拟企业搭建 / 3

1.4.2 进行调研软件上机操作（8 学时） / 3

1.4.3 数据分析（4 学时） / 3

1.4.4 报告撰写与陈述（4 学时） / 3

1.4.5 实训课程考核 / 3

1.5 本章小结 / 4

2 市场调查与预测理论回顾 / 5

2.1 市场调查与预测理论概述 / 5

2.1.1 市场调查的含义 / 5

2.1.2 市场预测的含义 / 5

2.1.3 市场调查与市场预测的关系 / 5

2.2 市场调查的内容 / 6

2.2.1 企业营销宏观环境研究 / 6

2.2.2 市场竞争状况的调查和预测 / 6

2.2.3 市场需求调查 / 7

2.2.4 消费者行为调查 / 8

2.3 市场调查的类型 / 10
2.3.1 探索性调研 / 11
2.3.2 描述性调研 / 11
2.3.3 因果关系调研 / 12
2.3.4 预测性调研 / 13
2.4 市场调查方法 / 13
2.4.1 二手资料收集法 / 13
2.4.2 询问调查法 / 14
2.4.3 实验调查 / 16
2.4.4 观察法 / 17
2.5 市场调查的程序 / 18
2.6 小结 / 19

3 市场调研软件操作 / 21
3.1 软件介绍及安装 / 21
3.2 登录与注册 / 22
3.2.1 学生注册 / 22
3.2.2 学生登录 / 23
3.3 页面介绍 / 24
3.3.1 题库管理 / 25
3.3.2 人才库管理 / 27
3.3.3 调研网管理 / 28
3.3.4 案例分析 / 29
3.3.5 在线作业 / 33
3.4 实验管理 / 35
3.4.1 第一阶段 / 36
3.4.2 第二阶段 / 47

3.4.3 第三阶段 / 57
3.4.4 查看教师评语 / 59
3.5 教师实验准备 / 60
3.5.1 建设网络实验室 / 60
3.5.2 搭建实验环境 / 60
3.6 本章小结 / 64

4 数据整理与分析 / 65
4.1 Excel 软件介绍 / 65
4.2 单变量的数据集中趋势分析 / 66
4.2.1 平均值 / 66
4.2.2 中位数 / 67
4.2.3 众数 MODE / 69
4.3 单变量的数据离散程度分析 / 70
4.3.1 方差 STDEV 指令 / 70
4.3.2 频率 FREQUENCY 指令 / 72
4.3.3 四分位点内距 QUARTILE 指令 / 74
4.4 常见的多变量分析 / 76
4.4.1 简单相关分析 / 76
4.4.2 回归分析 / 78
4.4.3 方差分析 / 80
4.5 其他分析 / 82
4.5.1 随机数的产生 / 82
4.5.2 指数平滑 / 82
4.6 本章小结 / 84

5 市场调研报告的撰写与陈述 / 86
5.1 调研报告的注意事项 / 86
5.1.1 根据阅读对象撰写调研报告 / 86
5.1.2 完整性与简洁性并存 / 86
5.1.3 结论必须有数据支撑 / 86
5.2 调研报告的结构 / 87
5.2.1 前言 / 87
5.2.2 正文 / 89
5.2.3 附录 / 94
5.3 市场研究报告的陈述与演示 / 95
5.3.1 陈述和演示的准备 / 95
5.3.2 演示与陈述的注意事项 / 95
5.4 本章小结 / 96

6 市场调查与预测实训考核 / 97
6.1 课程考核方案 / 97
6.1.1 考核方案说明 / 97
6.1.2 考核指标 / 97
6.1.3 考核细则 / 98
6.2 考核实施 / 100
6.2.1 实训成果 / 100
6.2.2 实训时间安排 / 101
6.2.3 课程材料 / 101
6.3 本章小结 / 102

附录1 学生自信心与学习兴趣程度 / 103

参考文献 / 109

1 市场调查与预测实训课程概述

市场调查与预测实训是为了配合市场调查与预测的理论课程而开设的实验课。通过本课程，使学生能够运用所学的市场调查与预测的基本原理和方法解决市场实际问题，能够完成一个全过程的市场调研项目，培养学生分析问题和解决实际问题的能力。

1.1 课程开设背景

美国数学家C. E. 香农（1948）在《通信的数学理论》中指出，信息是用来消除随机不定性的东西的。在经济管理学家看来，信息是提供决策的有效数据。而市场调查与预测的核心功能就是信息的收集和利用。因此该课程不仅应用于市场营销领域，也可以应用于其他管理领域，甚至日常生活领域。

市场调查与预测课程不仅是理论知识的传授，也要求学生通过实践掌握调研技能。一个合格的市场调研人员能够敏锐地发现企业所存在的问题或提出问题，能够确定调研课题、收集资料的范围、调研目的、调研人员，选择合适的调研工具与方法、调查样本，制定市场调研经费与时间预算方案、营销计划，能够有效执行调研计划，并最终撰写调研报告。研究者可以通过开设市场调查与预测实训课程，将理论与实践相结合，并对教学手段、实验环境、教学工具、教学理念进行创新，从而达到培养合格调研人才的目的。

1.2 课程特点

市场调查与预测实训课程经过了实验项目小组近15周的开发，并且经过多年的学生使用和意见反馈，已经使之成为一种全新、高效的实训教学模式。这一实训模式具有以下特点：

1.2.1 提升了学生对市场调查与预测的认识高度

以往的教学模式，学生更多充当的是调研员的角色，担任数据收集和简单分析的职责。本门课程让学生站在市场调研项目管理者的高度，承担项目组织、市场调研策划、人员选拔培训、预算安排等职能。学生能以更加宏观的角度认识市场调研项目的开展。

1.2.2 增加了师生交流互动

以往的教学模式，教师在布置调研任务后会采用阶段性集中授课等方式指导学生开展市场调研。这种模式延长了市场调研周期，学生调研进度难以把控，学生的问题不能及时得到教师指导，问题的修正效果不能及时得到教师反馈，知识难以共享。本门课程采用在线互动的方式，教师可以随时审查学生的调研进度，也可以在一个实验阶段完成后对学生成果进行批阅。

1.2.3 丰富了市场调研实训内容

本门课程不仅完成了一个市场调研项目从开始到结束的实训内容，同时还可以开展在线案例分析、在线考试等内容，从而达到让学生理论与实践相结合的目的，是理论教学的有效补充。此外，本门课程也提供在线问卷撰写，题库中的多种题型和题目编写方式开拓了学生的思维，提高了问卷编写效率和质量。

1.2.4 规范了学生对市场调研的操作

市场调查的步骤是缜密严谨的，但是学生往往会根据自己的喜好或难易程度来开展市场调研流程。本门课程的市场调研项目实践实验一共分为三个阶段，每个阶段均有若干个步骤，这些步骤均为层次递进关系，前一步骤实验完成之后，才能开始后一步骤的实验。这样可以培养学生良好的习惯，规范市场调研操作。

1.2.5 实训效果广泛认同

市场调查与预测实训让学生全面实践了课堂所学的知识，加深了学生对市场调查与预测的认识，强化了学生市场调查与预测的操作技能。从教师的角度，市场调查与预测实训提升了理论教学效果，提高了实验实训的质量和效率，简化了教师的工作内容。重庆邮电大学经济管理学院这一实训活动开展以来，获得了历届师生的热烈欢迎和好评。

本书在体现上述特色的同时还具有通俗易懂、生动活泼、易于操作的特点，教材融入了重庆邮电大学经济管理学院实验创新项目组多年的经验，以大量的实例对市场调查与预测实训进行了内容补充和操作优化，取得良好的教学效果。本书不仅适合工商管理类本科学生使用，也适合专科高职学生使用。

1.3 课程理论基础

市场调查与预测实训涉及多方面的课程和理论，其中一部分最好是所有学生必须提前掌握的，一部分是学生根据自己所选择的调研主题而掌握的。

（1）市场营销学：市场营销环境、消费者市场购买行为分析、产品策略、定价策略、分销策略、促销策略。

（2）市场调查与预测：市场调查步骤、市场调查方案、市场调查方法、调查抽样。

（3）统计学：单变量的描述统计分析、相关分析、回归分析、因子分析、聚类分析、假设检验、卡方检验等。

上述课程和理论是所有学生最好提前掌握的，为了让更多没有相关基础的同学尽快掌握实训内容，本书在第二章也对部分重要理论进行了回顾和概述。

（4）消费者行为学：消费者决策模型、影响消费者购买的因素、消费者购买行为。

（5）企业管理：企业管理的基本框架，如人力资源管理、营销管理、决策管理、生产管理。

（6）客户关系管理：客户满意、客户忠诚、客户让渡价值、客户挽留、客户细分。

（7）广告学：广告调研、广告效果评估、广告媒体策略、消费媒体接触习惯。

1.4 课程实训程序

实训课程中所需要历经的步骤和相关学时如下：

1.4.1 模拟企业搭建

本着自愿原则成立模拟市场调研企业，每个企业一般为5~7名学生。根据企业的有关职能进行协作分工，包括项目经理、研究员、咨询师、市场调研员等。每名参加实训的学生只能加入一个企业并负责相应的岗位职责。

1.4.2 进行调研软件上机操作（8学时）

在浙科市场调研模拟教学软件上完成学生注册和企业注册，并根据指导教师开放的实验选择调研主题。根据调研主题完成教学软件中实验管理模块，即三个实验阶段。该部分内容将在第三章进行介绍。

1.4.3 数据分析（4学时）

学生可以通过模拟教学软件在线上发布问卷并由软件自动分析数据。除此之外，如需通过面访、电话或邮件方式进行市场调查的，学生应通过其他统计分析软件进行数据分析。该部分内容将在第四章进行介绍。

1.4.4 报告撰写与陈述（4学时）

学生根据调查各公司所得的事实材料和数据分析对所研究的问题，做出系统性的分析说明，并得出结论性意见。调查报告要求为PPT格式或PDF格式，以便学生进行陈述。该部分内容将在第五章进行介绍。

1.4.5 实训课程考核

教师在学生结束报告陈述后，根据学生实训过程表现和实训成果进行考核。

考核应本着公平公开和激励优秀的原则，将定性与定量相结合。该部分内容将在第六章进行介绍。

1.5 本章小结

本章是对市场调查与预测实训课程的概述，介绍了实训课程所具备的特点，回顾了实训课程所运用的课程及理论，说明了实训课程的主要环节和步骤，以及实训课程最终应达到的效果。

练习与思考

1. 你认为市场调查与预测对你以后的生活和工作有哪些帮助？
2. 你希望从本次实训中收获什么？
3. 你对什么样的市场调查主题感兴趣？

2 市场调查与预测理论回顾

2.1 市场调查与预测理论概述

2.1.1 市场调查的含义

市场调查就是运用科学的方法，系统地收集、记录、整理和分析有关市场的信息资料，从而了解市场发展变化的现状和趋势，为市场预测和经营决策提供科学依据的过程①。

2.1.2 市场预测的含义

市场预测是在市场调查的基础上，借助一定的经验和预测技术，对市场未来的发展趋势做出判断的过程②。

2.1.3 市场调查与市场预测的关系③

市场调查与预测在流程上是可以分割的，但是在结果的应用上是密不可分的。一般而言，市场调查是市场预测的基础，市场预测又是市场调查的延续和提升。具体表现在以下几个方面：

（1）市场调查可以帮助市场预测明确目标。企业面临的问题是纷繁复杂的，可以通过市场调查突出主要矛盾，从而为企业进行市场预测指明方向。

（2）市场调查可以为市场预测提供数据支撑。为了提高预测的准确性，市场预测需要大量的信息，而市场调查承担着收集历史资料和一手信息的职责。

（3）市场调查可以补充丰富市场预测的方法。市场预测的许多方法是在市场调查方法的基础上借鉴、发展形成的，如市场预测的“专家判断法”。

（4）市场调查可以验证和修订市场预测的结果。在做出市场预测后，也可以通过后续市场调查获取新信息，对已有的预测结果进行修正。

---

① 周筱莲. 市场调查与预测［M］. 北京：外语教学与研究出版社，2012：47.

② 周筱莲. 市场调查与预测［M］. 北京：外语教学与研究出版社，2012：47.

③ 马连福，张慧敏. 现代市场调查与预测［M］. 北京：首都经济贸易大学出版社，2012：15.

2.2 市场调查的内容

市场调查是为了解决企业所遇到的问题，企业涉及的问题不同，调查内容也不相同。为了简化调查难度，充分利用已有市场调查成果，研究者将调查内容划分为以下几种类型：

2.2.1 企业营销宏观环境研究

菲利普·科特勒认为："营销环境由营销以外的那些能够影响与目标顾客建立和维持成功关系的营销管理能力的参与者和各种力量所组成。营销环境同时提供机会和威胁。"① 营销环境是企业难以控制的力量，并且对企业产生巨大的影响，因此企业必须密切关注营销环境的变化，否则企业可能会迅速面临经营失败的风险。比如，诺基亚公司就忽略了行业环境的变化，没有意识到苹果公司的服务取胜的模式替代了硬件为王的模式，很快就从行业第一沦落到破产的境地。

企业营销环境分为内部环境与外部环境。内部环境包括公司使命、公司发展战略、公司资源状况、公司业绩表现、在相关业务上的竞争战略。外部环境分为宏观环境和微观环境。其中宏观环境包括经济、人口、社会文化、科技、政治、自然；微观环境包括供应商、营销中间商、公众、竞争者和顾客。对内部环境的调查可以通过公司内部资料完成，对外部环境的调查可以通过国家统计局、行业协会、已公开的调查报告等二手资料进行了解。内部环境是企业营销活动的制约因素，外部环境是市场走向的指标。比如，根据人均国民收入可以预测汽车消费的快速增长，而人口老龄化指标又可以预测和银发经济有关的行业增长。国民收入的分配指标可以告诉研究者消费者的需求是必需品还是奢侈品。

2.2.2 市场竞争状况的调查和预测

市场营销从来都是在竞争状态下进行的，只有知晓对手的情况，才能制定出合适的营销策略以保持和争取竞争优势。迈克波特的五力模型比较全面地描述了各种形式的竞争对手，见图 2.1。因此，对市场竞争状况的调查和预测也可以围绕着新进入者、供应者、购买者、替代者和业内竞争者展开。

(1) 业内的竞争者，是指同一行业的竞争对手。业内的竞争状况可以从垄断程度、规模经济和产品差异化程度三个方面来分析，这些因素决定了业内竞争方式和竞争的激烈程度。

描述垄断程度的指标包括产品集中度系数、洛仑兹曲线、基尼指数和赫希曼—赫芬达尔系数。产品集中度系数表示行业内前四和前八的企业在销售额、资产或者员工在全行业的占比，由于它只计算前面的几个企业，不能反映其他企业的情况，也不能反映产品差异和市场份额对垄断程度的影响。洛仑兹曲线和基尼指

① ［美］菲利普·科特勒. 市场营销原理（亚洲版）［M］. 何志毅，译. 2 版. 北京：机械工业出版社，2010：42.

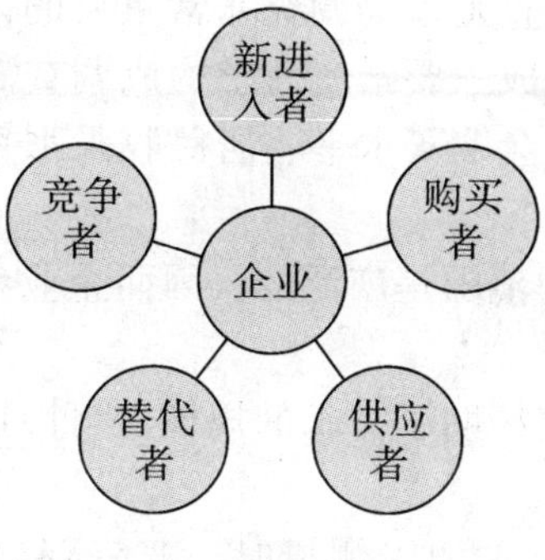

图 2.1

数可用于衡量行业内企业拥有资源的差异程度，但它们都不能衡量同等体量的企业的规模，比如，两家等体量的企业的基尼指数和 100 家等体量的企业的基尼指数是完全一样的，但两种情况的行业垄断程度完全不一样。赫希曼—赫芬达尔系数可以弥补前三种系数的缺陷，它求的是行业内所有企业的市场份额平方和，系数越高，则垄断程度越高，这种计算方式考虑了所有企业的市场份额，但数据收集和计算量都比较巨大。

规模经济也是反映行业竞争程度的重要数据，规模经济越大，竞争便会越激烈，因为企业都希望通过扩大自身的规模来降低成本，规模经济的数据需要知道产量和成本数据，可以从企业内部的数据获取。

产品差异化程度可以通过对消费者的认知调查来获得数据，不管企业如何定位，关键还是看消费者对它的形象认知。品牌知觉图一类的工具可用于产品差异化的分析，可以使用 SPSS 中的对应分析工具来绘制品牌知觉图。

（2）供应者，是指企业的上游供应企业。由于供应者可以通过提高其投入要素价格与降低单位价值质量的能力，来影响行业中现有企业的盈利能力与产品竞争力，因此需要注意收集的信息包括供应商是否有前向一体化的动向，是否有多个买家以及多个供应商之间的产品差异程度。

（3）新进入者和替代者是最容易被忽视的调查对象，一些企业沉迷于自己的现有成功而缺乏对环境变化的敏感，一些企业没有事前准备而无法适应行业的剧烈变化，还有一些企业对进入退出壁垒认识不足而错误地判断了未来。比如，当诺基亚对苹果那种很容易摔坏的手机嗤之以鼻的时候，它根本没有想到手机的竞争已经从机器质量的竞争变成网络服务的竞争。

（4）买方，是指企业产品或服务的购买者，既包括最终消费者，也包括企业的渠道中间商。在考虑买方的议价能力时，更多地考虑渠道中间商。效率模板是一种了解渠道成员在渠道中产生的价值，它描述了：①渠道成员所做的工作种类和数量；②每一个成员对于提供消费者服务产出的重要性；③每个成员能分享到的渠道利润。

2.2.3 市场需求调查

目标市场的需求是市场营销的目标和方向，市场营销就是为了满足目标顾客的需求，因此，市场需求调查是市场调查非常重要的内容。人口、购买力和购买动机三个因素被称为需求构成三要素。需求构成调查需要收集以下信息：地区人口数量、人口发展趋势、社会购买水平、居民收入水平、对企业产品的购买欲望和购买原因等因素。

（1）产品。由于产品的范围是广泛的，因而企业在进行需求测量时，应明确规定产品的范围。

（2）总量。它通常直接标明了需求的规模。可以用金额表示，也可以使用实物单位指标。

（3）消费者群。在对需求加以测量时，要分别对各细分市场的需求加以确定，而不宜仅着眼总市场的需求。

（4）地理区域。不同地域往往在需求上存在差异，因此，测量需求时必须以明确的地理区域为基础。

（5）时间周期。在进行市场需求调研时，必须以明确的时期为限。

（6）营销环境。在进行市场需求预测时，必须注意对营销环境影响因素的相关分析。

（7）实际购买。只有最终进行购买的需求，才是真正的市场需求。

（8）企业的营销活动。应考虑企业的营销活动对需求变动的可能影响。

在新产品上市之前，企业通常都会进行需求调查。值得注意的是，对于现有产品，企业也有必要进行需求调查。比如产品可以划分新的细分市场，或者观测消费者偏好的变化或者营销传递信息的准确性。

台湾某茶叶企业目前的顾客主要集中在40岁以上的男性，准备将成年女性作为新的目标市场。通过调查成年女性的市场规模，该市场在饮料产品上的花费，该市场顾客经常选择的饮料，该市场对饮料的态度，该市场对茶饮料的态度等信息，成功地向该市场推出了花卉红茶和生姜红茶。

某电信运营商每五年便会对未来五年的需求变化进行调查，它往往会参考过去的变化数据，比如，根据过去的市场需求变化做需求变化曲线，并根据曲线趋势找到未来时点的需求，同时也会参考消费者的收入变化，满意度变化对趋势进行调整，比如，在满意度下降的时候未来市场的增长就可能放缓。

2.2.4 消费者行为调查

对消费者调查是最为复杂的一类，人的心理是不具备直接外显的思维黑箱，未来行为也很难预测，但对消费者行为的假设确实是企业制定营销战略的一个基础。对消费者购买行为调查通常可采用“四O五W分析法”进行分析，即购买对象（objects）、购买组织（organizations）、购买目的（objectives）和购买方式（operations）。

购买对象（objects）：这些人购买什么样的产品？

购买目的（objectives）：这些人为什么要购买这些产品？

购买组织（organizations）：购买者，构成市场的是哪些人？这些人在购买决策中扮演什么角色？

购买方式（operations）：购买行动，这些人以怎样的方式购买商品？购买时间，这些人在什么时间购买商品？购买地点，这些人在什么地点购买商品？

消费者购买模式通过图 2. 2 可清晰地展示出来：

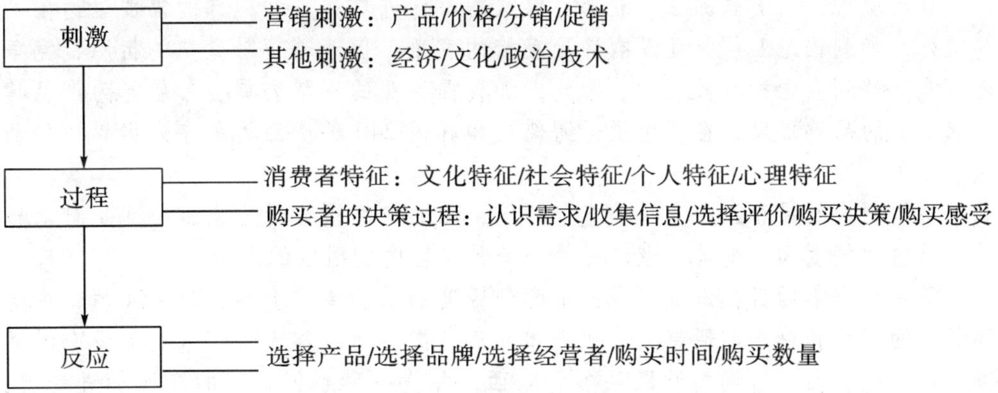

图 2. 2

近年来，网络大数据对消费者行为调查发挥了巨大的作用，大有取代传统调查的趋势。网络大数据调查准确度高，成本低，时间快。电子商务公司很早就开始根据消费者已经购买的商品和已经浏览的网页向消费者推荐可能感兴趣的商品。而通过对消费者媒体使用习惯的调查判断消费者的个性已经达到相当高的准确率，也可以通过对点赞内容的分析来判断消费者个性。营销者通过大数据也许能知道数据的结果，但是对消费者判断标准和逻辑的变化过程未必清楚，所以，在大数据研究以外的传统研究方式仍然是有用的。

示例 2-1　加利福尼亚鳄梨营销①

在营销者试图促进美国加州鳄梨的消费者购买更多鳄梨时，他们组织了一系列小型集中小组访谈，这一系列调查将重点放在两个消费群体，一是主销区的轻度和中度消费者，一个是目前消费量很小的区域。调查对象主要是由年龄在 35~49 岁的女性组成，他们是家庭食品的主要购买者。基于上述调查和其他一些研究，研究者们找到了消费者消费鳄梨的动机，消费鳄梨不仅来自于它的美味，而且缘于消费时的情绪和情境。消费者认为鳄梨的自然属性有口味、绿色、含蓄的场景、含蓄的用法、独一无二、加利福尼亚式的“愿望”。而不同的自然属性会激发消费者的情感和对使用场景的设定，比如，鳄梨的口味美味而带奶酪味，这让消费者产生了潇洒和特别的自我感觉。而含蓄的场景让人想起喜庆的、感觉很好的、有趣的、轻松愉快的、幸福的场景。

对于现有鳄梨的购买者而言，购买障碍源于过高的价格，含有过高的脂肪，而且只适合特殊的场所。对非购买者而言，实际上没有在零售店购买过鳄梨，但他们很多人在餐馆吃过鳄梨，都认为鳄梨味道不错，他们和鳄梨的购买者一样拥

---

① ［美］德尔 I . 霍金斯. 消费者行为学［M］. 符国群，等，译. 10 版. 北京：机械工业出版社，2007：395.

有某些情感反应，阻碍他们购买的原因和购买者完全相同；另外，他们不知道如何挑选鳄梨，例如，如何选择今天就食用的鳄梨和三四天后食用的鳄梨，也不知道如何去皮和烹饪。

直到现在，在美国除了东北部可以从墨西哥进口鳄梨和南部的佛罗里达出产鳄梨外，加利福尼亚鳄梨还没有遇见直接的竞争，但随着贸易壁垒的拆除，竞争者可能蔓延到全国和其他国家。因此，加利福尼亚的鳄梨委员会希望能为产品建立起有力的品牌形象，在商店里，鳄梨在和其他240种产品为争夺人类胃口份额进行竞争。

根据调查结果和正在变化的竞争环境，两套方案被设计出来，一套是针对核心营销区的轻度和中度消费者，另一套是针对轻度食用区的未购买者。

第一套方案的目标消费者是：中度到轻度的消费者，女性，25~54岁，中高等收入的家庭和单身购买者，这些个体经常上街购物，整天忙于采购却没有时间准备美味的食品。她们喜欢购买各种东西，并把各种新鲜自然的东西加进食谱，她们对鳄梨的感觉特别丰富，除了口感体验外，对鳄梨还滋生出丰富的联想——快乐、有趣、喜庆的、户外的、天然的、快乐的、满意的、美味的、乳酪一般的、特别的、感觉很好、轻松愉快的等。方案利用与鳄梨相联系的自然和心理的因素，有效激发消费者对鳄梨的欲望，从而扩大消费量。为此，要特别强调加利福尼亚盛产最优质的鳄梨。同时要为加利福尼亚鳄梨塑造一种有趣、天然、美味、健康和可口的形象。看过广告后，消费者应形成这种想法“我喜欢加利福尼亚鳄梨!”

方案二的目标群体和核心区差不多一样，只是鳄梨并非他们采购清单中的一部分。为了避免过度竞争，营销者要把加利福尼亚鳄梨和佛罗里达鳄梨区别开来，方案要强调“我知道我喜欢的是加利福尼亚鳄梨，现在我可以很方便地在家中享用它的美味了。”“因为它们很容易挑选、购买和食用，尤其是它们的味道无与伦比!”广告中的主角把鳄梨剁碎做沙拉或其他美味食品，比如鳄梨火鸡三明治。广告不仅仅要强调加利福尼亚鳄梨与众不同的美味和容易挑选，而且要教会消费者方便地使用鳄梨做食品。

而在中国，鳄梨很少在商场销售，而且就算有销售，也很少有人购买，人们甚至不认识这是什么水果，也不知道如何使用，有时候超市使用折扣的方式促使人们购买，但操作式条件反射对这些认为鳄梨的口感很差的消费者来说可能起到了反作用。当然，也有些到西方留学回来或者行为洋派的人会购买鳄梨，在他们看来，这是区别他们和普通消费者的一种食品，他们购买的不仅是健康，而且更是一种身份和品位。但鉴于这群消费者的稀少和分散，迄今为止，经销商也没有大规模的针对中国消费者的以促进销售为主的营销活动。

2.3 市场调查的类型

市场调查按照不同的划分标准可以有多种分类，比如按照调查地域划分为国内调查和国际调查，按照调查资料的收集方式分为二手资料调查和现场调查，按照市场调查的性质划分为四种类型：探索性调研、描述性调研、因果关系调研、预测性调研。

2.3.1 探索性调研

探索性调研就是花尽量少的时间和成本，对市场环境和相关因素进行初始的调查和分析，以便确定营销中存在的问题的表现和可能的原因。在对陌生领域进行探讨或者议题本身很新时，由于缺乏最基本的认识，可以通过探索型调研确定可能相关的变量。比如，亚马逊在中国的发展比预计的慢，市场份额也远远低于京东和淘宝，研究者为了分析到底是哪些因素影响了扩张速度和市场份额的大小，首先采用了焦点小组访谈法和深度访谈法进行探索性调研。在分别进行了两组访谈后，通过整理被访者对亚马逊的看法，被访者主要提及的观点有：从来没有亚马逊购买的经历；亚马逊的产品太少，特别是服装；没有看见过亚马逊的广告；亚马逊的页面设计很难看；亚马逊的页面在手机上操作比较困难；等等。值得注意的是，这些观点并不能完全代表阻碍亚马逊在中国扩张的原因。因为被调查的人员非常有限，虽然样本经过了精心挑选，但是由于没有数据支撑，亚马逊应该再通过一定数量的问卷调查才能更多找到顾客有代表性的想法。

尽管探索性调研的抽样数量很小，样本组成相对主观，但根据调查目的做一些计划可以增加调查结果的价值。一般说来，探索性研究通常用于满足三类目的：①满足调研者的好奇心和更加了解某事物的欲望。②探讨对某议题进行细致研究的可行性。③发展后续研究中要使用的方法。例如，亚马逊在举行第一次探索性调研后，可以找出一些值得进行细致研究的议题，比如，亚马逊的页面是否需要改变和如何改变？亚马逊是否应该增加品牌的引进？在此基础上，亚马逊再举行第二次探索性调研，其调研结果就会更有针对性和启发性。

除了焦点小组访谈法和深度访谈法，二手资料法也经常用于进行探索性调研，比如，在确定亚马逊的竞争对手时，可以根据二手资料提供的市场份额以及新闻媒体对电子商务公司的报道来进行判断。

2.3.2 描述性调研

描述性调研的目的在于准确地描述各营销变量及相互关系，比如客户满意度调查与分析、市场占有率的调查与分析、广告效果调查与分析、大学生消费习惯调查与分析等。

描述性调研并不等同于简单的频率分析，研究者需要对变量之间的关系有清晰的认识。从过去的学生实训案例来看，绝大部分调研都涉及描述性调研，常见错误包括：

（1）变量与调研主题没有关系，或者没有阐明变量与调研主题的关系。学生在使用调查软件的时候，往往只是简单地使用描述功能而没有对数据关系进行分析。例如，在一份大学生手机使用状况的调查报告中提到：男生人数及比率、女生人数及比率、各年级学生人数及比率、各专业学生人数及比率。这些数据虽然在一定程度上可以说明抽样样本的代表性，但是无法说明数据和学生手机使用状况的联系。这样的描述缺乏实际意义，会降低调研报告的研究质量。这种情况下，学生或者可以对变量的意义进行说明，或者将这些变量与其他变量结合起来进行交叉分析。

（2）变量关系假设错误。在进行描述性研究之前，研究者通常会做出一些变量相关的假设，以便收集数据。例如，在客户满意度调查中，假设客户满意与员工态度、服务能力、服务效果和周围环境有关。而最后的分析结果可能显示与有些变量并不相关。例如，在一份城市老年居民消费能力的调查报告中提到：老年女性比男性有更高的消费能力，老年女性平均消费为 4 657 元/年，男性为 853 元/年。老年女性消费按从多到少排列为服装，日用品，保健品。该结论可能出现的错误是女性在家庭中具有收入支配权利，也是家庭购物的决策者和购买者。老年女性购买的日用品和保健品也可能是家庭使用。这种情况下，应该进一步调查老年女性用于自身消费的费用。

另一种情况下，当调查显示变量之间没有关系时，也不能放弃对彼此关系的探究，如果结果确实没有关系，那也属于研究的一种结论。比如，上述的大学生手机使用状况的调查报告得出这样的结论：学生性别与每月手机通信费用没有显著关系，和手机上网时长有显著关系。男生每天手机上网时间比女生长 40 分钟；男生手机上网的目的主要是打游戏，女生手机上网的目的主要是购物。

2.3.3 因果关系调研

因果关系调研是在描述性调研的基础上找出两个或多个营销变量之间的因果关系。在判断变量之间是否具备因果关系的时候，首先，应该确定是否具有相关关系；其次，原因必须先于结果发生；最后，不是假相关，即该关系不能被第三个变量所解释。这是证伪的思路，但是就算不能找到真正的解释变量，不符合常识的相关也不能判断为因果关系。

比如，经济状况不好的时候，妇女的裙子比较长；而经济状况良好的时候，妇女的裙子比较短。在统计学中，经济危机和女人裙子的长度之间的关系被认为相关，但它们之间不能说明有因果关系。因为研究者既不能用裙子的长短来解释造成经济危机的原因，也很难用经济状况来解释裙子长短的原因。同样的，在经济危机期间，口红销量相对经济状况良好时增多，两者既有相关关系又有因果关系。研究者可以认为经济状况下滑是口红销量增多的原因，经济危机导致购买力下降，女人无法购买昂贵的奢侈品，相对而言，价格比较低的口红能满足女人的爱美需求而且消费也不多。

有时候，营销者需要在众多相关关系中寻找真正的因果关系，这是非常困难的工作。所以，研究者经常说管理不是纯粹的科学，而是一门需要直觉和经验的艺术。但是即使是经验丰富的专家和历史悠久的公司也会犯错。比如，百事可乐一度凭借新口味的可乐在销量上领先于可口可乐。可口可乐公司先入为主地将人们购买百事可乐的原因归结于其更好的口感。在此情况下，可口可乐做了大量的口味测试，并且推出了新口味的可口可乐。但是市场的反应与可口可乐之前的市场调查结果正好相反。新可口可乐失败的原因之一就是错误的因果推断导致公司做出了错误的决策。

2.3.4 预测性调研

预测性调研是通过收集和分析过去现在的各种信息，预测市场未来的变化趋势。比如通过公司历年的销量预测次年的销量，通过选手历年的成绩表现预测下一场比赛的成绩。预测性调研的思路一般分为三种：一是对同一事物不同时间节点的数据进行收集，利用时间序列法进行预测；二是对不同事物之间的相互联系进行数据收集，利用因果关系法进行预测；三是利用经验进行预测。

时间序列预测法是指利用对象的历史时间序列数据，通过建立模型，找出事物发展变化的规律，并以此类推做出估计。时间序列预测法又可分为简易平均法、移动平均法、指数平滑法、趋势预测法和季节性趋势预测法。

因果关系分析预测法是通过分析事物之间因果关系，建立数据模型，描述预测目标变量与其他变量之间的数量变化关系，从而对预测目标进行估计。常见的因果关系分析预测法包括回归分析预测法、技术叠加法和比例推算法等。

经验预测实际上属于一种定性预测的方法，根据个人的知识、经验和能力，通过逻辑推理，分析事物过去和现在的变化规律，进而对事物发展的未来趋势做出主观判断和估计。常见的定性预测法包括个人直观判断法、集体经验判断法和专家判断法等。

2.4 市场调查方法

市场调查方法是指市场调研人员如何收集数据和资料，一般分为二手资料收集和一手资料收集。其中，一手资料的收集主要包括询问调查法、实验法和观察法。

2.4.1 二手资料收集法

二手资料是指特定的调查者按照其调查目的已收集、整理的各种历史资料。二手资料具有以下优点：①比较真实客观；②节约成本；③调查不受时空限制；④便于对事物纵向比较。同时，二手资料也具有以下缺点：①相关性差；②部分资料难以获得；③准确性不高；④难以保证信息的时效性。二手资料调查法是营销者经常采用的市场调查方法，考虑到它的优缺点，在使用二手数据时需要注意以下几个方面：

（1）测量单位一致性。二手资料所调查的测量单位与本次研究要调查的测量单位趋于一致。一致性越高，二手资料的相关性就越好。比如重庆某高校要对本校学生的心理健康状况进行评估，就不能直接引用《重庆市大学生心理健康状况调查报告》中的数据。因为前者的测量单位只是一个学校的大学生，而后者的测量单位是若干所高校的大学生。

（2）数据能否相互替代。有时候，为了简化市场调查、降低信息收集的难度或者在准确性要求不高的情况下，研究人员会使用替代数据来表示市场调查中所需要的数据。比如在收集淘宝网上某种商品的销售数据时，研究者不必计算每个卖家的销量情况。当前十个卖家在淘宝网上的商品销售数量已经占到总销售数量的 80%~90%时，研究者就可以考虑使用前十个卖家的销售总量来替代该种商品在淘宝网上的销售数量。如果该商品有很多中小卖家，就不能用替代数据来推测整体销量。数据的替代性也与时间有关，在 20 年前，研究员可以用居民交通费用估计通信消费。但是在今天，两者是不能相互替代的。

（3）数据分类是否相同。分类的一致性程度越高，二手资料可利用的效果就越好。比如，营销者想知道和 20~40 岁的成年女性有关的消费数据，但现有的数据只有 18~25 岁少女和 25~60 岁成熟女性的数据，由于分类不同，营销者就不能使用这种数据。

（4）数据的时效性。一般而言，时间越近的数据时效性越强。同时也要考虑研究对象的变化情况，比如 2008 年世界金融危机爆发后，就很难用 2007 年的奢侈品销售调查报告来描述 2009 年的奢侈品销售情况。

（5）数据来源。在使用二手数据的时候，还要考虑数据的来源是否可靠，最好是权威机构的最初报道数据，多次的引用会导致数据被省略。

2.4.2 询问调查法

询问调查法可以分为四种：人员访问调查、邮寄调查、电话调查和网上调查。

（1）人员访问调查。人员访问调查是调查者在面对面的情况下，向被调查者提出问题，并根据回答记录下数据。人员访问调查又分为入户访问、街头拦截访问和留置访问。人员访问调查有如下优点：比较灵活、可以获得更多数据、样本比较完整、能控制问题顺序、有观察的机会、可以通过访问人员激励被访谈人员回答问题的积极性。同时，人员访问调查有如下缺点：成本较高、对调查人员素质要求较高、由于访问人员在现场，被访谈者在回答时有所顾忌，一些敏感的问题无法得到答案、有些回答会被干预。通常说来，人员访谈应该把敏感问题放在后面，在气氛比较融洽和随意的时候再提出。而调查人员的语气和措辞都有可能影响被调查者的回答。

（2）邮寄访问调查。邮寄访问调查法，是指将事先设计好的调查问卷，通过邮政系统寄给被调查者，由被调查者根据要求填写后再寄回，是市场调查中一种比较特殊的调查方法。邮寄访问调查法主要具有以下优点：①调查费用低。②调查空间范围大。③邮寄调查可以给予被调查者相对更加宽裕的时间作答，问卷篇幅可以较长，并且便于被调查者深入思考或从他人那里寻求帮助，可以避免被调查者可能受到调查人员的倾向性意见的影响。④邮寄调查的匿名性较好。⑤邮寄调查适用于从那些难以面对面访问的人远距离获得信息。

邮寄访问调查法主要具有以下缺点：①问卷回收率低，因而容易影响样本的代表性。②问卷回收期长，时效性差。③缺乏调查对象的控制。④由于问卷或许是由指定地址之外的其他人填写，可能会出现错误的答复或不真实信息。

目前采用邮寄访问调查较多的是企业对会员或报社对读者。对寄回问卷的消费者给予奖励可以增加回答的概率，但这样也会提高调查的成本。

（3）电话访问调查。电话访问调查，是指调查者按照统一问卷，通过电话向被访者提问，笔录答案。随着我国电话普及率的提高，电话访问调查的应用更加广泛。此外，CATI技术的应用也提高了电话访问调查的效率和准确性。电话访问调查经济、省时，易被平日难以接触者接受，对调查人员的控制也更为容易。但电话访谈一般只用来进行标准选项的问卷回答而很难深入，比如，问卷可能问到洗衣液的气味是否浓烈。尽管调查人员会给出他的判断，但他可能很讨厌过于浓烈气味的洗衣液。

（4）网络访问调查。网络访问调查，又称在线调查，是指通过互联网及其调查系统把传统的调查、分析方法在线化、智能化。网络访问调查的形式包括电子邮件、BBS、网站、微博等。网络访问调查成本低、不受时空限制、时效性强和客观性强。但是网络调查的样本很难控制，比如，愿意填写房价是否过高的问卷的被调查者可能都是买不起房所以特别关注房价的人，而这样得出的结论可能不具备代表性。此外，网络调查的样本局限于网民，当调查对象包括不上网的人群时，不能单纯引用网络调查的结果。

示例2-2　备受争议的春晚数据

2008年春晚结束后，央视市场研究公司（CTR）迅速公布调查数据，称81.6%的受访观众认为今年中央电视台春节联欢晚会办得好，但这一结果与新浪网发起的调查结果有较大出入。

据央视网消息：央视春晚满意度调查从前晚的8点30分开始，持续了3个多小时，截至12点，共成功访问2 290个家庭，其中2 122个家庭收看了春节联欢晚会，经数据加权后推算出，今年除夕在全国收看电视的家庭中有96.1%的家庭收看了中央电视台春节联欢晚会，在收看过晚会节目的家庭中，有81.6%的受访者认为今年春晚办得好。

参照央视市场研究公司历年公布的调查结果，近5年来，央视春晚的叫好率逐年走低。其中，2006年叫好率为85.5%，2007年为83.6%，2008年为81.1%，2009年为81.1%。

截至昨晚8时，新浪网发起的央视春晚观众调查中，叫好观众仅占15.4%。新浪网共有125 196名网民参与了央视春晚满意度调查，其中，45.9%的网民投票“不好”，38.7%的网民投票“一般”，15.4%的网民投票“好”。

在新浪网《您最喜欢的春晚节目》调查中，郭冬临的小品《一句话的事儿》以22.4%、赵本山的《捐助》以21.2%、黄宏的《美丽的尴尬》以15.8%占据了语言类节目的前三甲；小虎队《再聚首》以38.7%、王菲的《传奇》以17.3%、孙楠等人的《相亲相爱》以5.8%在歌舞类节目中排名前三；刘谦的《千变万化》以61.1%、《试比天高》以16.0%、《红楼赞花》以12.6%分列曲艺及其他节目类前三。

（资料来源：http://ent.sina.com.cn/v/m/2010-02-15/12492876737.shtml）

2.4.3 实验调查

实验调查有两个部分，一是采取行动，二是观察后果。实验法适合的范围有限，需要界定明确的概念和假设。比如，宜家的橱柜门可以经受100万次的开合，证明这点最靠谱的方法就是以目标消费群惯有的方式将门开合100万次。典型的实验是在实验室进行的，但很多营销实验是在非实验室进行的，属于自然实验的范畴。

在古典实验中，最主要的要素有：①自变量和因变量；②前测与后测；③实验组与控制组。比如，研究者认为改变某糖果的配方会让消费者觉得更美味，则糖果的配方是自变量，而消费者的感受是因变量。为证明这个问题，研究者可以进行前测和后测，即让消费者先尝试原配方的糖果，然后再尝试后面一种配方的糖果，消费者对两次尝试的评分可以找到配方与感受的关系。但有些消费者并没有真实感到变化，他之所以给后一次尝试更高的分是因为觉察到研究者的意图而不自觉地配合。那在这种情况下，使用控制组可以检查是否出现了这种情况，让控制组使用同一种配方，同样进行前测和后测，如果控制组的变化没有实验组大，说明糖果的配方变化确实影响到了消费者的感受。

选择被测试者时，样本的代表性非常重要。除了这个问题，另一个重要的原则便是实验组与控制组的可比性。研究者既可以使用随机的方法，在同一个样本框里选出两个群体分别作实验组和被测试组，也可以在招募到全部受试者后，把他们随机分配到两个组。但随机分配未必能保证测试组和控制组的可比性。比如，研究者在测试某个培训机构对学生成绩的改善时，可以将每个成绩段的学生平均分配到实验组和控制组，这样比随机将学生进行分配会更具有可比性。如果制作一个由所有最相关特征组成的配额矩阵，全部配对过程就会高效完成。

在做实验的时候，内部无效性的来源主要有以下几个：

（1）历史事件。比如，三聚氰胺事件后，对伊利的广告效果进行测试，会得出广告无效的结论。实际上，真正影响被测试者态度变化的不是广告而是三聚氰胺事件。

（2）成熟。人们无论是否参与测试，都会变得日益成熟，而此类变化会影响结果，特别是长时间的测试。而短时间的测试也会因为被测试者的疲倦、无聊或者饥饿而改变他们在实验中的行为。

（3）测试。如果实验一测再测也会影响人的行为。比如，无硅油洗发水的测试会通过反复提问让人们对硅油敏感从而隐藏自己的真实观点。

（4）测量工具。有些测量方式比另外一些更为准确。

（5）统计回归。比如，初始测试时因变量极端的人可能在再次测试时有反方向的变化。比如，在测试某教育机构的培训效果时，在前测时分数极低的人可能在第二次测试时分数提高。这和培训无关。他们的成绩已经极度糟糕了，也不可能再糟了。所以，他们的成绩向平均数的回归和实验刺激可能一点关系都没有。

（6）选择偏好。实验组和控制组并不具备可比性。

2.4.4 观察法

观察法是指调查人员在现场对有关情况进行记录，调查人员可以使用自己的眼睛或仪器来进行观察并记录结果。观察可以分为自然环境或人工环境的观察，伪装或公开的观察，直接或间接的观察，人类或机器的观察。

（1）自然环境或人工环境的观察

自然环境的观察是指观察人员在自然环境下进行观察，比如，在超市门口观察某一时段出入超市顾客的数量，管理者伪装成顾客观察店员的行为。也可以在实验室观察人们观看广告的反应。相对人工环境，自然环境的观察更为真实，但未必能有效观察到研究者想知道的行为。所以，很多时候观察会安排在实验室进行，比如，观察人们是如何使用洗涤精的。

（2）伪装或公开的观察

伪装观察的目的是在被观察者不知情的情况下，了解其最真实的反应。比如神秘顾客观察法。一般说来，自然环境的观察会让被观察者不能觉察到观察者的存在，但实验室的观察是在公开的环境下进行的。

（3）直接或间接的观察

直接观察是指观察者的观察对象就是研究对象，比如研究消费者对促销程度和促销形式的偏好，可以观察人们对超市折扣的反应。间接观察是指观察者通过观察其他事物来了解研究对象。比如，想知道居民的消费水平和消费习惯，可以通过居民垃圾的物品来推断。

（4）人类或机器的观察

人类的观察是不完全的，注意力天然具有选择性，机器观察比人类观察更为全面，但是需要专业的设备和条件。另外，有些富有经验的观察员会更快地抓住问题所在，比起机器毫无目的的观察，他们的效率更高。

示例2-3 收视率调查

收视率调查最早用于了解节目的收视情况，为媒体决策和广告主的媒体选择提供依据。一开始的收视率调查是由研究者选择一定的家庭，并在每个家庭留置一份节目观看记录表。家庭成员在观看电视节目时，会填写这个记录表。在一段时间后由研究者上门回收并发放新的记录表。后来由于收视率调查技术的革新，一种叫做 Audimeter 的视听记录仪在调查中的运用，使广告收视率调查变得简单。

收视率调查过程包括以下几个步骤：

1. 随机抽出一定量的观众样本户构成相对稳定的调查网（观众小组）。样本大小视研究精度和地区规模而定。例如台湾益利市场研究顾问公司，在台湾地区建立的调查网样本户是 245 个。

2. 在样本户家中的电视机上装上 Audimeter 这种仪器，它能自动地记录受调查对象家中收看电视节目的时间和频道。

3. 每隔一段时间（如一周）把自动记录仪内的软片或磁带取下带回公司分析，就可以算出每日全部节目每一分钟的收视率。现在由于技术的进步，研究机构甚至可以通过电话连线随时从被调查户处提取记录信息。

（资料来源：http://baike.baidu.com/view/5087689.htm）

2.5 市场调查的程序

市场调查的步骤是为了确保调查的工作效率和工作质量。不同内容的市场调查或者不同类型的市场调查，在调查目的、调查范围上有所不同，但是市场调查的基本步骤是相同的，见图 2.3。

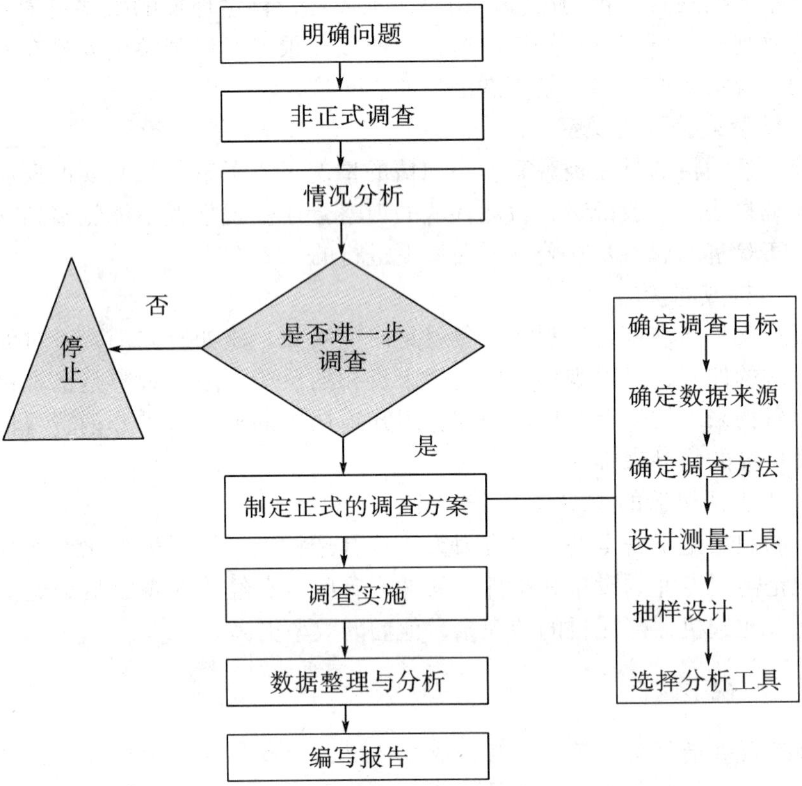

图 2.3 市场调查与预测程序

（1）明确问题。市场调查和预测要把决策者面临的问题变成市场调查与预测问题，比如，亚马逊公司想知道是否有必要改变自己在中国消费者心目中的形象，它可以变成以下市场调查与预测的问题：亚马逊在中国的消费者心目中的形象是什么？中国消费者心目中理想的电商平台是什么？亚马逊的主要竞争者在消费者心目中的形象是什么？

（2）非正式调查。在调查进行之前，需要进行非正式调查。这样可以节省时间和费用，有利于研究者更加深入地认识和理解问题。比如，亚马逊调查人员可以通过和顾客的交谈、和业内人士的交谈以及二手资料来收集信息，缩小调查范围。

（3）情况分析。研究者可以根据已收集的资料和信息，对调查问题做出一个大致的判断和分析。比如，亚马逊公司如果发现已有顾客对它的评价很高，但从未购物或者很少在亚马逊购物的人对它的评价则相反，就可以放弃对已有顾客的调查，转向这部分人群。

（4）决定是否进行正式调查。在情况分析之后，需要根据调查结果判断是否需要进行正式调查。如果非正式调查的信息已经可以满足研究者的要求，或者正式调查的成本高于即将获得的信息价值，研究者可以中断调查。

（5）调查方案。确定进行正式调查之后，需要编写正式的调查方案。调查方案一般包括五个部分：确定调查目的、确定数据来源、确定调查方法、设计测量工具、抽样设计等。该阶段的成果是市场调查计划书或市场调查方案，由于其编写的复杂性和技巧性，是学生学习和操作的重点。

（6）调查实施。调查实施的质量很大程度上决定了本次调查的成败。由于访问员有意或者无意的失误，或者被访者对调查题目的误解等，都会造成数据的误差，从而影响了调查结果的准确性。调查员应该接受培训，会正确使用调查工具并进行正确的记录。如果是深入访谈和观察法一类的调查，调查员的素质对结果影响重大。

（7）数据整理与分析。调查实施得到的数据是零散的，需要对原始资料进行整理和分析。整理工作包括校编、分类、编号、数据录入。数据分析可以根据一次分析变量数目的多少，分为单变量、双变量和多变量；也可以根据分析的目的，分为描述分析和推断分析。

（8）编写报告。市场调查报告是市场调查的最终成果。调查报告分为书面报告和口头陈述报告。调查报告的撰写虽然不拘一格，但一定要注意逻辑性，好的调查报告从调查目标开始，每一步都非常清晰，其结果便更为可信。有时，调查并不能提供结论，但可能会给出进一步调查的方向，那么，报告就不应该是结论性的而是对各种可能性的重新假设。

2.6 小结

本章对市场调查和预测的概念和内涵进行了描述，市场调查与预测贯穿企业的决策过程，企业的每一种决策都需要市场数据的支撑。市场调查与预测的内容包括市场外部宏观环境，市场竞争情况，市场需求情况，消费者的购买行为，企业营销因素。根据市场调查的目的，可分为四种类型：探索性调研，描述性调研，因果关系调研和预测性调研。市场调查与预测的方法包括二手资料收集，询问调查法，实验调查法，观察调查法。市场调查与预测的程序包括：①明确问题；②非正式调查；③情况分析；④决定是否进行正式调查；⑤制定正式调查方案；⑥调查实施；⑦数据的整理与分析；⑧编写调查报告。其中，正式调查方案包括：①确定调查目的；②确定数据来源；③确定调查方法；④设计测量工具；⑤抽样设计；⑥选择分析工具。

练习与思考

1. 市场调查与预测按内容可分为哪几类?

2. 市场调查与预测还可以如何分类?

3. 简述市场调查与预测的程序。

4. 正式的调查都包括哪些内容?

5. 目前可乐公司在中国的销售量不断下降，请进行一次探索性访谈，再确定是否值得进一步调查，如果值得，请制定正式调查的方案。

3　市场调研软件操作

3.1　软件介绍及安装

本章是通过学生对浙科市场调研模拟教学软件的操作，掌握市场调查的流程、了解不同市场调查主题以及加深对市场调查基础理论和知识的认识。浙科市场调研模拟教学软件由浙江航大科技开发有限公司研发，不仅适用于各大中专院校市场营销及相关专业，同时也可供中小型企业对营销及销售人员进行市场调研实战培训练习。该软件结合互联网络通讯技术和计算机系统构造一个模拟的市场调研环境。

整个系统由管理员端系统、教师端系统、学生端系统、调研网站、邮件系统组成，各系统操作界面独立，但数据相互关联、传递。采用实验形式，通过制定实验任务、要求，帮助学生逐步掌握市场调研的基础知识、实施过程及步骤。由管理员端系统维护教师账号信息；教师端系统维护实验班级及学生信息，设置实验环境，添加分析案例，维护调研网信息，对学生的市场调研结果进行评分；在学生端系统，学生根据教师设置的实验环境确定调研课题，按步骤完成市场调研设计方案、调查问卷，确定调查人员，收集及分析调研资料，撰写调研报告。完成教师布置的在线作业及案例分析。系统提供一个市场调研网站，学生可以把设计的调查问卷在这里进行发布以收集资料，或通过电子邮件方式向参加本次实验的本班其他同学，发送问卷邮件以收集资料。

该软件主要研究了市场调研中的以下内容：企业营销问题、确定调研目标、设计调研方案、运用资料、定性调研和定量调研、调查数据的收集方法、调研问卷的设计、样本计划和样本容量的确定、数据的收集和处理分析以及调研报告的编写。

通过软件的使用，帮助学生理解和消化理论知识，将课本的知识运用到具体的案例中，并可学习到甚至书本上学不到的知识。学生在教师的指导下操作各个实验，锻炼学生实际动手、操作、策划能力，逐步熟悉市场调研专用术语、步骤、方法，并能理性理解如何操作、指导市场调研活动。

实践课程课时安排建议如下，见表 3. 1：

表 3.1　　　　　　　　　　　　上机实验课时安排建议

实验内容	课时安排
实验环境熟悉及分组	1 课时
实验管理第一阶段实验	4 课时
实验管理第二阶段实验	3 课时
实验管理第三阶段实验	1 课时
在线案例分析（选作）	2 学时
在线考试（选作）	3 学时
共计：必做实验项目 4 个，合计 8 学时；选作实验项目 2 个，合计 5 学时。	

3.2　登录与注册

在 IE 浏览器地址栏中键入软件的指定访问地址后，浏览器将会显示如下登录界面（如图 3.1 所示）：

图 3.1

页面由三部分内容构成，用户登录、注册、在线考试。下面分别介绍学生注册和登录页面功能。

3.2.1　学生注册

没有系统账号的学生需要注册，填写注册资料后，经班级教师审核通过，就可以登录系统。在登录页面中，点击“注册”，在打开页面中填写各项注册信息，如图 3.2 所示：

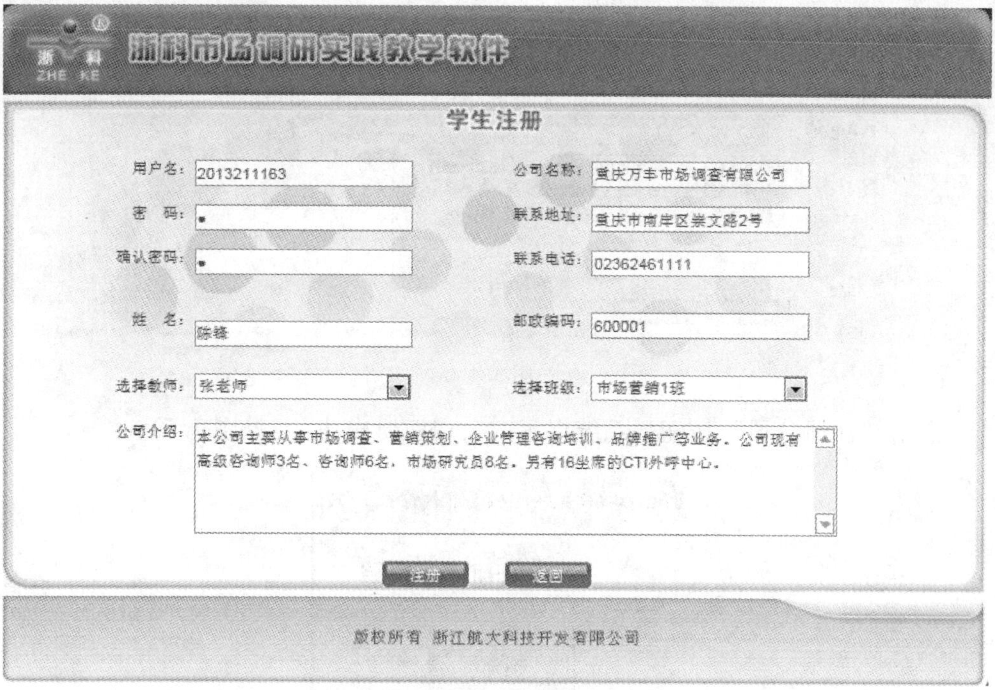

图 3.2

点击“注册”按钮，注册成功。

提示：注册账号在教师审核之后，才能启用。

3.2.2 学生登录

系统管理员、教师、已拥有登录账号的学生，在登录页面中输入“用户名”“密码”，如图 3.3 所示：

图 3.3

点击“登录”按钮，学生以公司的身份开展实验，因此在登录之后，打开注册公司页面（见图 3.4）：

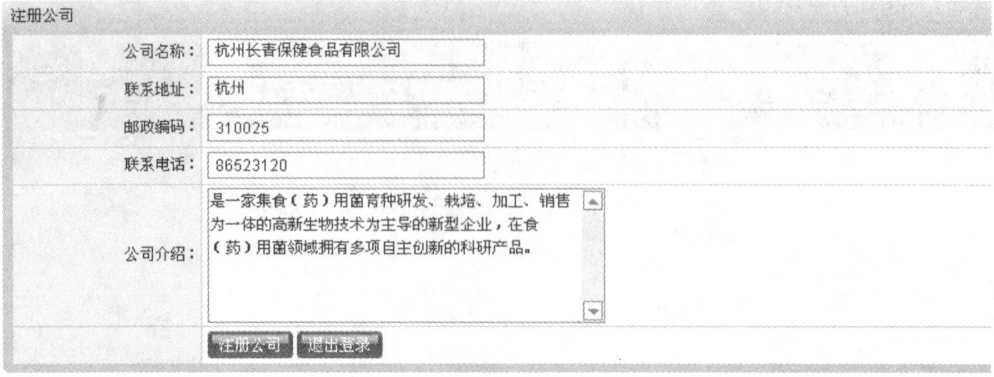

图 3.4

点击“注册公司”按钮，系统提示“公司注册成功”（见图 3.5）：

图 3.5

点击“确定”按钮，系统自动跳转至学生操作界面。

3.3 页面介绍

在用户登录之后，系统根据用户名的类别（系统管理员、教师、学生）进入相应的操作界面。学生操作界面如图 3.6 所示。

系统采用左右框架结构形式，页面左侧为菜单区，页面右侧为操作区，点击左边菜单区，页面右边将显示其具体信息。

提示：点击“菜单区”的“退出系统”按钮，将退出学生端系统，返回至系统登录页面。

学生端系统分为实验管理和实验操作两大模块，见图 3.7。其中实验管理模块包括题库管理、人才库和调研网管理。实验操作模块包括案例分析、信息交流、邮件管理、在线作业、在线考试、公司信息和学生信息。

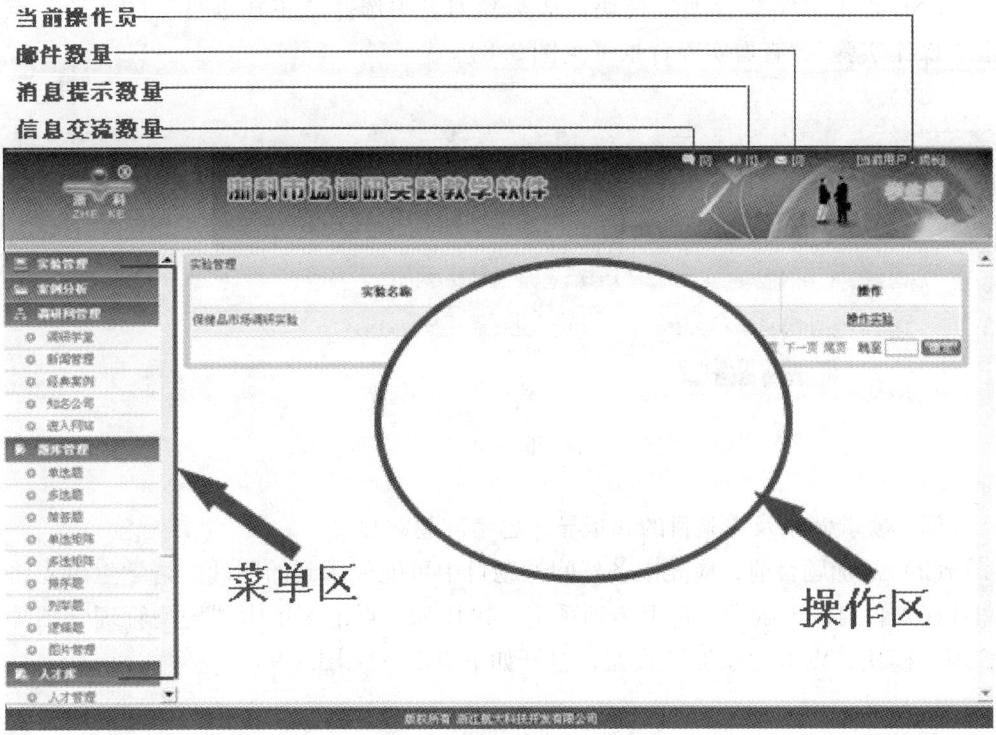

图 3.6

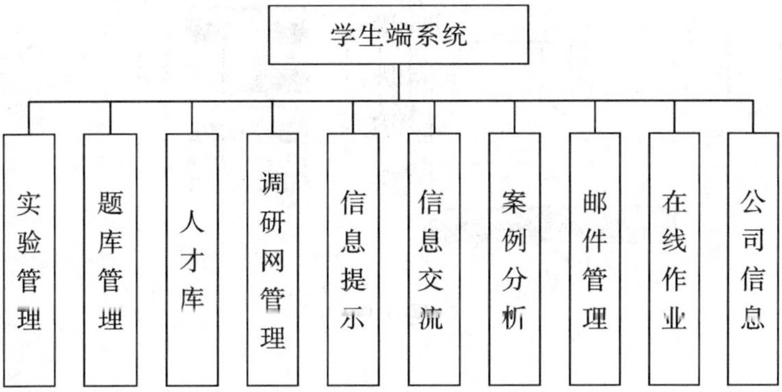

图 3.7

3.3.1 题库管理

题库管理用于添加或编辑企业调查问卷中的常用题型，如单选题、多选题、简答题、单选矩阵、多选矩阵、排序题、列举题、逻辑题，以及智能图片管理功能。

该功能有助于学生理解市场调研的重要性、方法、应用；熟悉掌握单选题、多选题、简答题、单选矩阵、多选矩阵、排序题、列举题、逻辑题的添加方法；掌握上传题型图片的方法，并能灵活应用于各种题型。该功能操作如下：

（1）点击“实验管理”模块，从实验列表中选择“正在进行”的实验，点击“操作实验”，查看实验背景（见图3.8）。

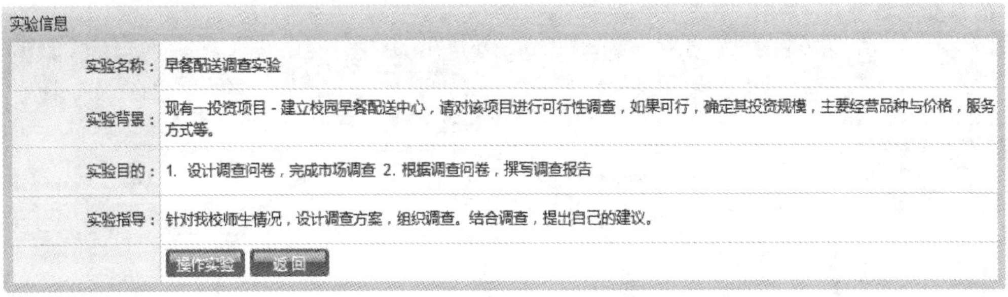

图3.8

阅读实验背景及实验目的和指导，思考问卷题目。

（2）添加题目前，应先准备好问卷题目中可能使用到的图片。请学生事先将图片存入各自的电脑中，再上传到系统。操作为：点击菜单中“题型管理→图片管理”模块，点击“添加”按钮，打开如下界面（见图3.9）：

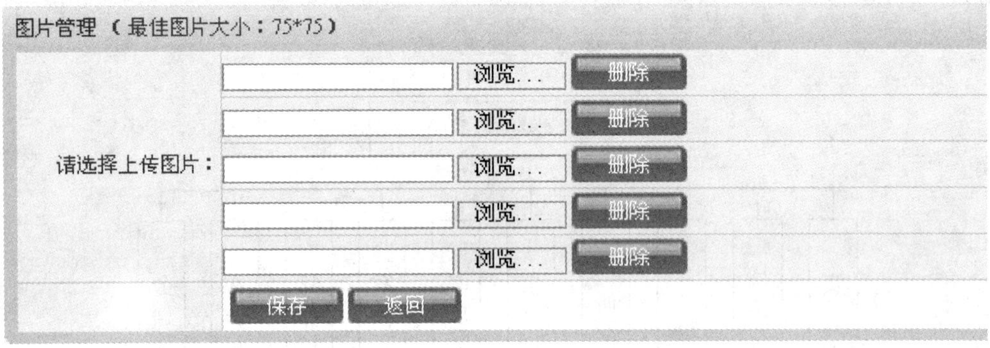

图3.9

点击“请选择上传图片”输入框旁边的“浏览” 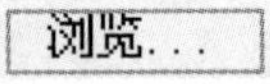

按钮，在打开的窗口中，选择要上传图片的存放路径，系统允许同时上传五个图片文件。

提示：1. 图片被应用于题型后，不能删除；

2. 建议上传格式为 *.jpg 的图片。

（3）添加完图片后，进行题目添加。在菜单中的“题库管理”中，根据问题题型选择相应模块，并添加题目。以单选题为例：点击“题库管理→单选题”模块，点击“添加单选题”，选择实验，添加题目内容（见图3.10）。

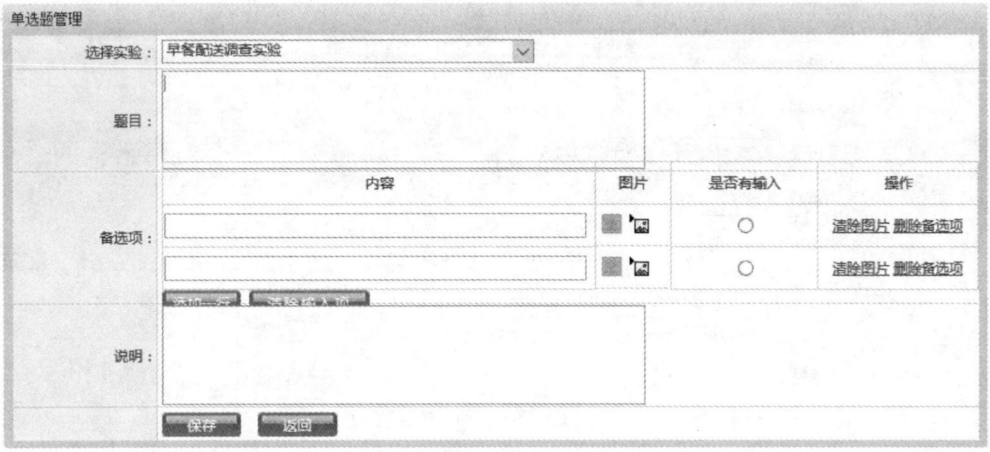

图 3.10

3.3.2 人才库管理

一个市场调研项目的人员组成包括市场调研员、调研督导、研究员、咨询专家和项目经理等。市场调研员主要负责实地调研执行，如发放回收问卷；调研督导主要负责市场调研项目的质量和进展，包括现场督导和事后核查等；研究员主要负责市场调研项目的部分设计工作和分析，如编写问卷和数据分析等；咨询专家提供专业的咨询意见，通常是在项目开始前或项目报告书撰写好之后提供指导；项目经理负责整个市场调研项目的组织推进，如项目成员选择、人员协调和客户沟通等。市场调研项目的成败很大程度上取决于项目成员的素质。

人才库管理可以帮助市场调研公司对人才进行管理和维护。就某个市场调研而言，可以根据市场调研主题及已添加的问卷题目，添加相关项目成员信息。信息包括人才学历、姓名、联系地址、年龄、邮政编码、联系电话、备注等。也可以从人才库已有的人才信息中查询合适的人才信息。

（1）点击“人才库”下的“人才管理”，如图 3.11 所示，在人员列表下点击“添加”按钮。

图 3.11

添加人才信息（见图 3.12）。

图 3.12

（2）点击“人才库”下的“培训计划”，再点击“添加”按钮，制订有关人员的培训计划（见图 3.13）。

图 3.13

3.3.3 调研网管理

市场信息的来源分为二手资料和现场资料，其中二手资料收集具有不受时空限制、成本较低、花费时间较少等优点。市场调研公司平时可以通过调研网站收集材料，一方面累积了二手资料，另一方面也达到了宣传公司的目的。对调研网信息的管理和维护，包括调研学堂、新闻管理、经典案例、知名公司、进入网站五部分。

该部分实验有助于学生掌握调研网各栏目信息的发布、查看方法；熟悉通过邮件发送调查问卷的操作；掌握调研问卷的填写方法。同时，教师需要及时审核学生发布的调研学堂、新闻管理、经典案例、知名公司信息。该部分实验的操作步骤如下：

（1）点击“调研网管理→调研学堂”模块，发布调研学堂信息；

（2）点击“调研网管理→新闻管理”模块，发布新闻信息；

（3）点击“调研网管理→经典案例”模块，发布有关市场调研或行业的经典案例资料；

（4）点击“调研网管理→知名公司”模块，发布知名市场调研公司资料；

（5）点击“调研网管理→进入网站”模块，访问新闻中心、在线调研、调研报告、调研学堂、知名公司、经典案例等网站栏目；通过邮件将调查问卷发送给本班其他同学，相互填写问卷；填写调查问卷（见图 3.14）。

图 3.14

提示：学生所发布的调研网信息，需经所属班级教师审核后，才能在调研网站显示。

3.3.4 案例分析

该模块考查学生对市场调查案例的分析能力，教师将一些具有代表性的、有一定分析价值的调研案例发布出来，供学生分析，并对学生分析结果进行评阅。在通读案例之后，应能快速把握案例中的核心部分，通过综合分析，提取其成功与失败之处，加以整合，增长见识，锻炼思考能力。

3.3.4.1　教师实验准备

软件初始数据中已添加了若干案例信息，教师需开启给学生操作。同时教师也添加新的案例（见图 3.15）。

图 3.15

教师点击“案例管理”模块，添加分析案例。

操作步骤：

（1）在菜单中点击“案例管理”，打开案例列表，在列表下点击“创建新案例”按钮。

（2）填写案例信息，包括案例名称、案例内容、分析答案，选择案例状态，如图 3.16 所示。

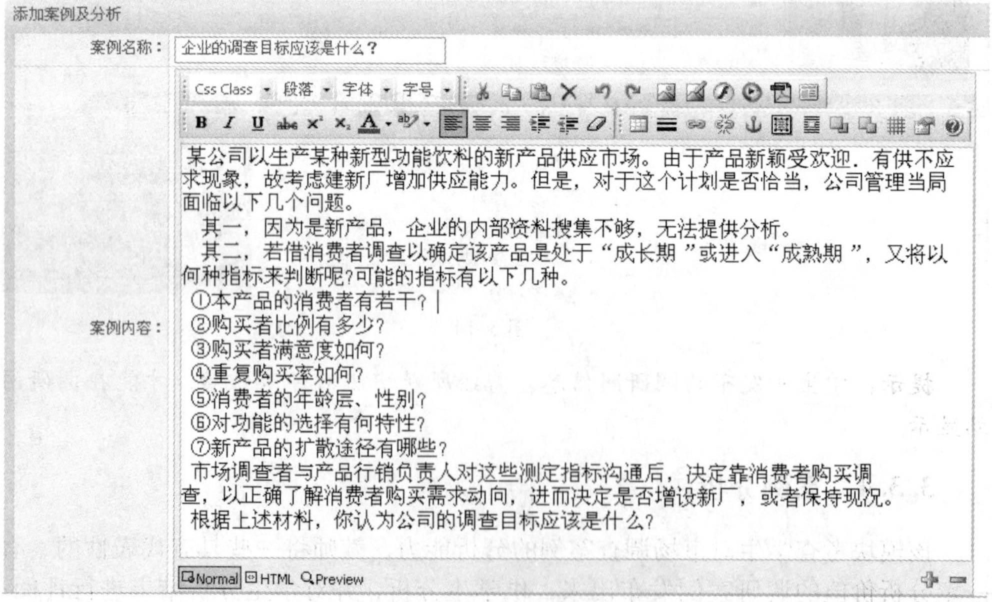

图 3.16

点击“保存”按钮，案例添加成功。

（3）若添加时间选择的状态为“已开启”，则表示学生可以查看到并进行案例分析。若未开启，在案例列表中点击“修改”操作，修改案例状态为“已开启”，修改后点击“保存”按钮。

提示：1. 当案例状态设置为“未开启”时，学生将看不到该案例。

2. 每课时开启案例数量，教师可根据案例题目的难易程度来决定。

3. 案例被应用（学生分析）之后，不能删除，只能查看、修改。

3.3.4.2　学生实验操作

学生对教师开启的案例进行案例分析。

步骤：

（1）点击“案例分析”模块，在打开界面中选择一条案例信息（或按教师要求选择指定案例），点击该条信息“操作”栏中的“分析”（见图3.17）。

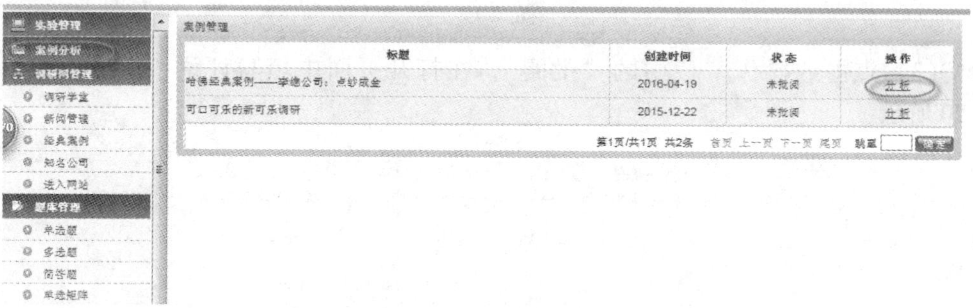

图3.17

（2）仔细阅读案例内容，在“分析”栏中，学生填写对该案例的分析，然后点击“保存”按钮（见图3.18）。

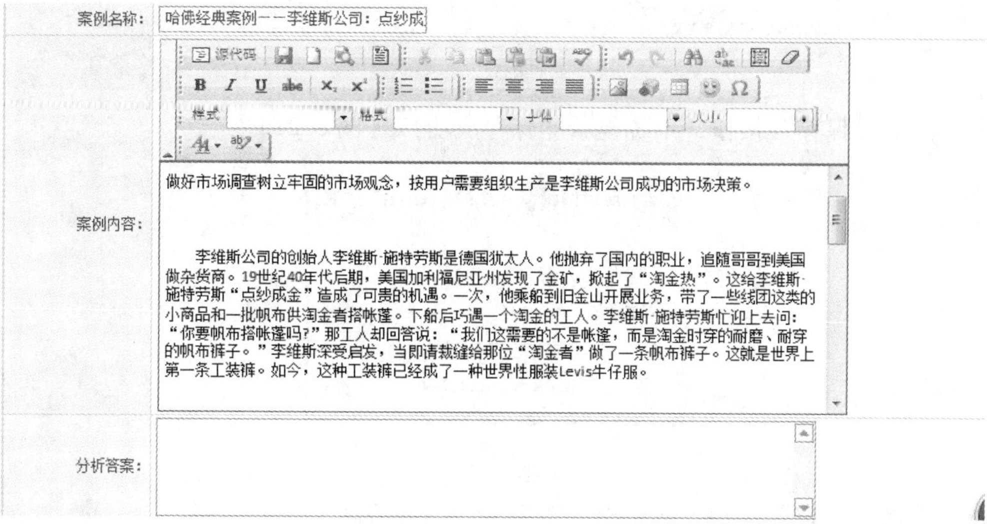

图3.18

3.3.4.3　教师案例批阅

学生保存案例分析后，教师在软件的教师端进行批阅。

操作步骤：

（1）“案例管理”模块，打开案例列表，在列表下点击按钮“学生案例分析”。

（2）选择班级，选择学生，点击“查看分析”操作，显示该学生保存过的案例列表（见图 3.19）。

案例管理

标题	创建时间	状态	操作
哈佛经典案例——李维斯公司：点纱成金	2016-04-19	未批阅	分析
可口可乐的新可乐调研	2015-12-22	未批阅	分析

第1页/共1页　共2条　首页　上一页　下一页　尾页　跳至　确定

图 3.19

（3）点击“操作”栏中的“批阅”，在打开页面中填写评语、得分，如图 3.20 所示：

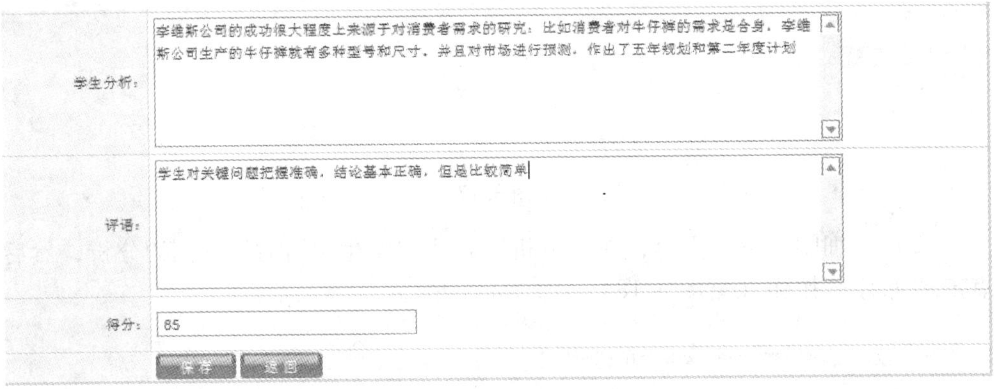

图 3.20

点击“保存”按钮，系统提示“保存成功!”（图 3.21）。

图 3.21

点击“确定”按钮，跳转至如图 3.22 所示页面：

图 3.22

可以看到“批阅状态”由“未批阅”变为“已批阅”。在学生端，学生可以看到自己分析的案例已经被审阅（图 3.23）。学生点击“查看”可以看到教师批阅的内容。

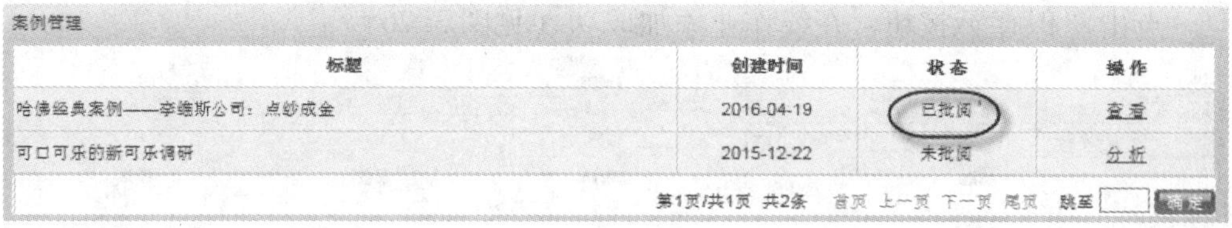

图 3.23

3.3.5 在线作业

教师通过该模块，向学生在线布置作业，方便快捷，且能有效保证数据的统一性。学生也能快速得到教师的回复，从而实现课堂及时互动。

3.3.5.1 教师作业布置

教师在软件教师端“菜单区”点击“在线作业”按钮，在页面右侧“操作区”将显示如下界面（图 3.24）：

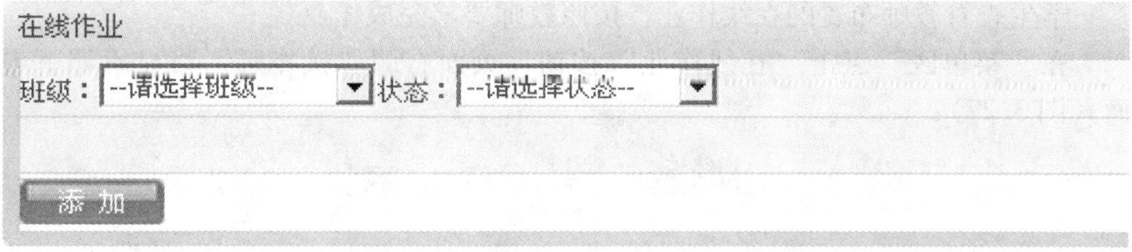

图 3.24

点击“添加”按钮，在打开界面中，选择班级、状态，填写相关信息，如图 3.25 所示：

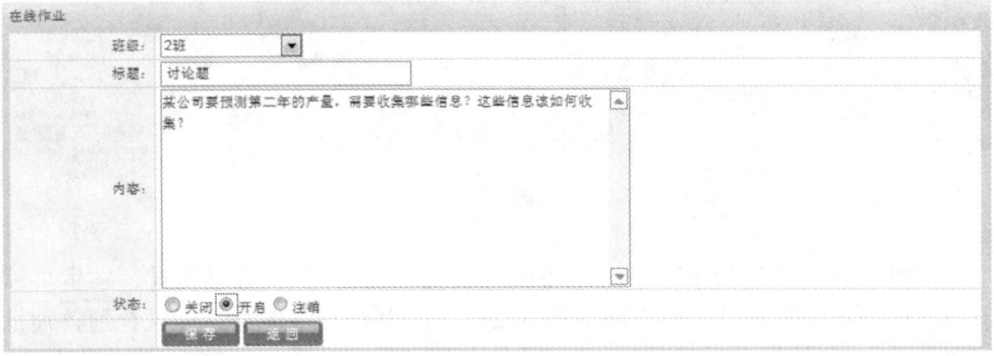

图 3.25

点击“保存”按钮，在线作业添加成功（见图 3.26）。

图 3.26

选择一条信息，点击该条信息“操作”栏的“查看”，可以查看详细信息；点击该条信息“操作”栏的“修改”，可以更新信息；点击该条信息“操作”栏的“删除”，将删除该条信息。

提示：当选择在线作业的“状态”为“关闭”时，学生将看不到该作业信息；当选择在线作业的“状态”为“开启”时，学生可以看到该条作业信息；当选择在线作业的“状态”为“注销”时，该在线作业失效。

3.3.5.2 学生完成作业

学生查看教师布置的在线作业，按照教师要求完成作业。

在“菜单区”点击“在线作业”按钮，页面右侧“操作区”将显示如下界面（图 3.27）：

图 3.27

点击“操作”栏中的“查看”，打开页面，显示在线作业的详细信息，如图 3.28 所示：

图 3.28

根据作业内容，按教师要求的形式完成作业。

3.4 实验管理

该部分实验是由学生根据教师已设置的实验信息，选择某个感兴趣的调研主题，按阶段开展市场调研实验。该实验有助于学生结合市场调研基础理论与知识，掌握市场调研的步骤，以及市场调研方案的撰写。

在“菜单区”点击“实验管理”按钮，页面右侧“操作区”将显示如下界面（见图 3.29）：

图 3.29

点击“操作”栏中的“操作实验”，可查看教师设置的实验信息，如图 3.30 所示：

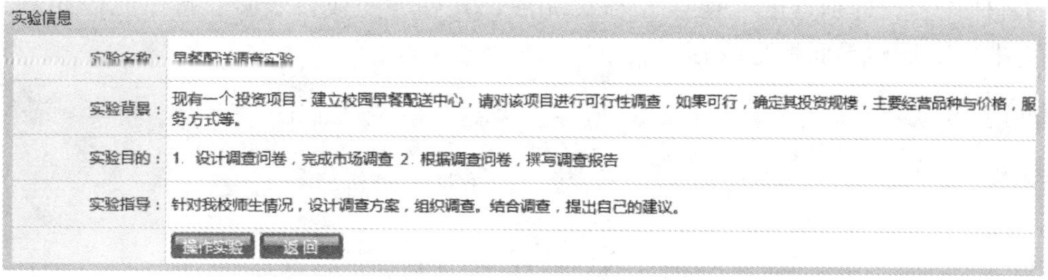

图 3.30

点击“操作实验” 

按钮，打开如下界面（见图 3.31）：

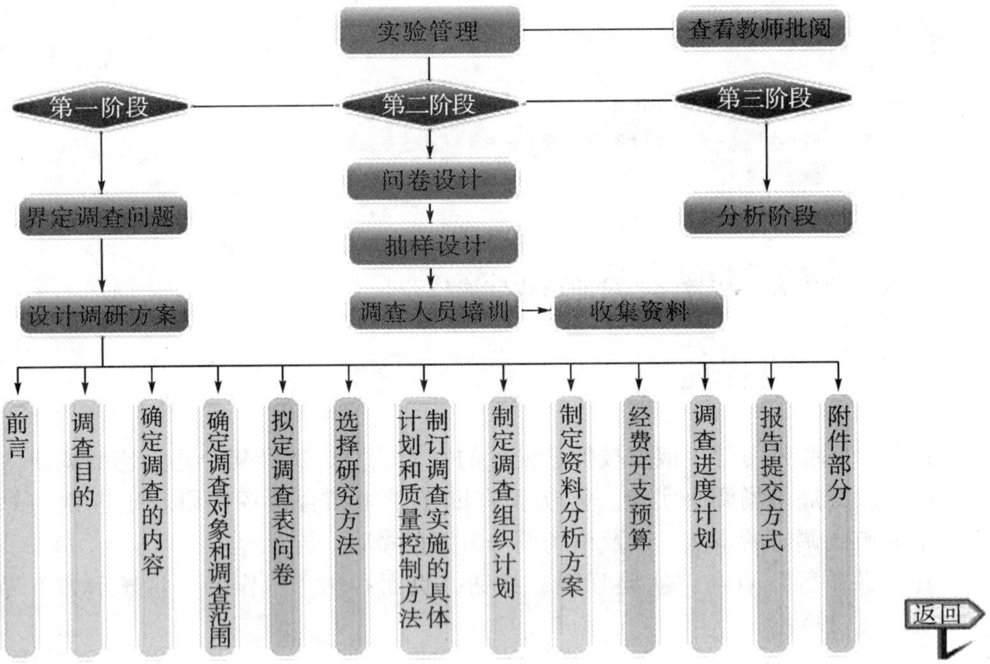

图 3.31

实验共分为三个阶段，互为层次递进关系，前一阶段实验完成之后，才能开始后一阶段的实验。

3.4.1 第一阶段

第一阶段的实验内容包括：界定调查问题和设计调研方案。

3.4.1.1 界定调查问题

点击“界定调查问题” 按钮，在打开界面中，填写要调查问题的具体内容，分别点击“保存”和“完成”按钮，完成该步骤。具体流程如下，在图 3.32 所示界面填写内容：

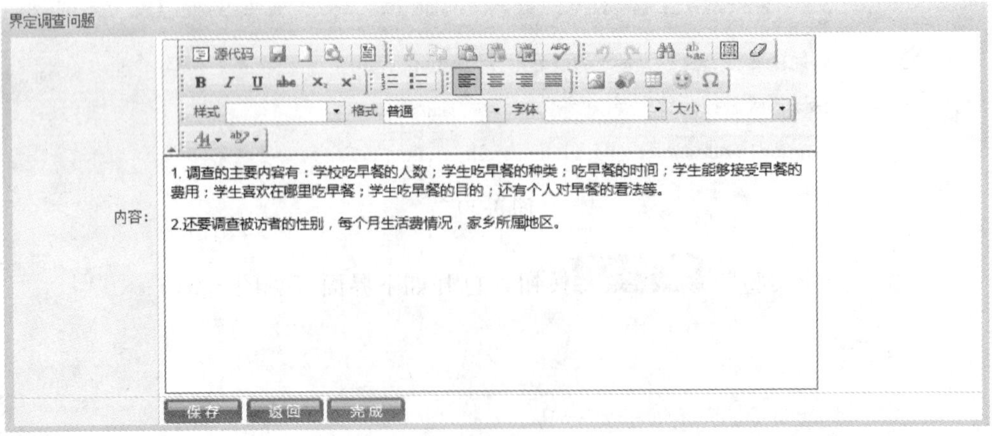

图 3.32

点击“保存”按钮，内容添加完成。点击“完成”按钮，系统提示如图 3.33 所示：

图 3.33

点击“确定”按钮，系统提示如图 3.34 所示：

图 3.34

点击确定，系统自动跳转至如下界面（图 3.35）：

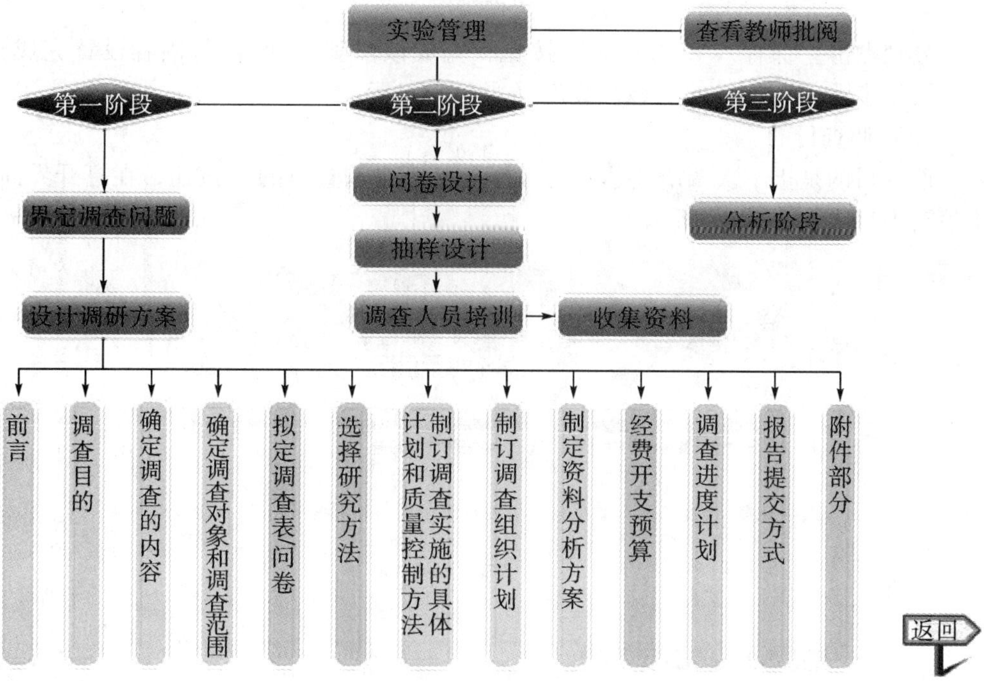

图 3.35

可以看到，“设计调研方案”中的“前言”，已由灰色变为高亮度（彩色）显示，表示“设计调研方案→界定调查问题”成功。

3.4.1.2　设计调研方案

调研方案的设计共包括十二个部分：前言、调查目的、确定调查的内容、确定调查对象和调查范围、拟定调查表/问卷、选择研究方法、制订调查实施的具体计划和质量控制方法、制订调查组织计划、制定资料分析方案、经费开支预算、调查进度计划、报告提交方式、附件部分。

（1）前言

前言部分是对该市场调研背景的介绍，有助于项目成员快速加深对项目的认识。点击“前言”按钮，在打开界面中填写内容，如图 3.36 所示：

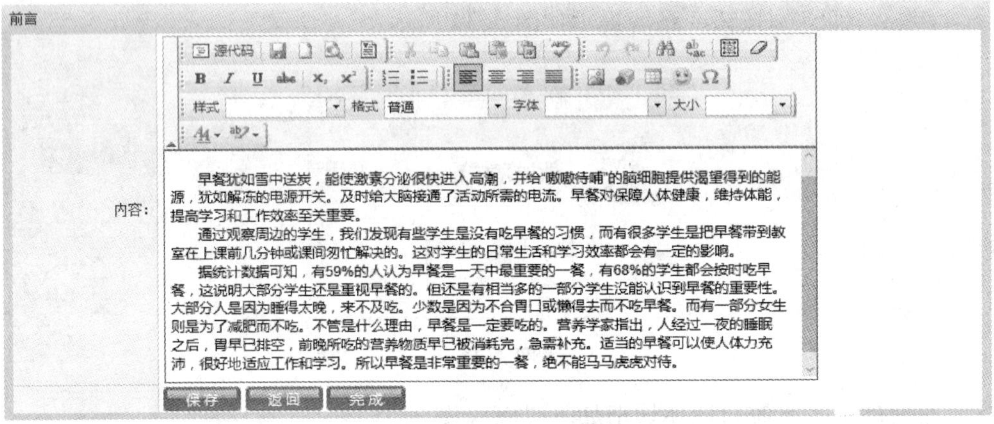

图 3.37

分别点击“保存”和“完成”按钮，完成该步骤。“前言”内容设置完成，后一操作步骤“调查目的”以高亮度（彩色）显示。

（2）调查目的

调查目的是指本次调研要达到的目标，点击“调查目的”按钮，在打开界面中填写内容，如图 3.38 所示：

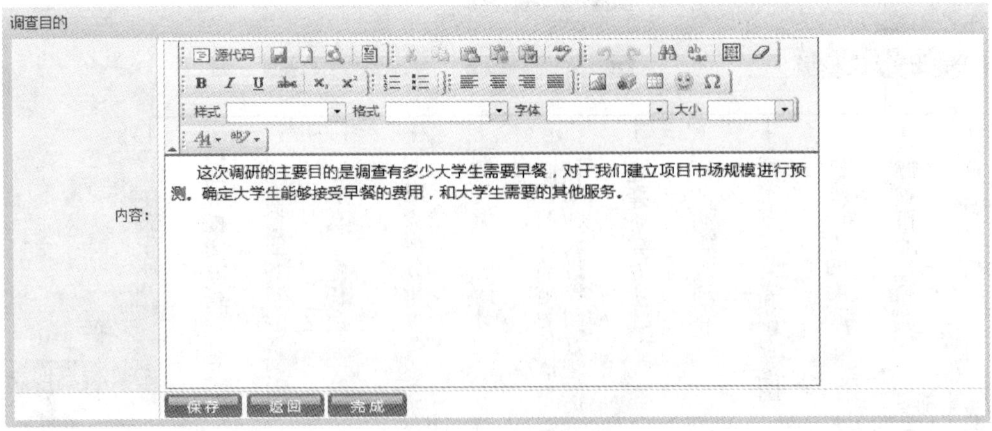

图 3.38

分别点击“保存”和“完成”按钮，完成该步骤。“调查目的”内容设置完成，后一操作步骤“确定调查的内容”以高亮度（彩色）显示。

（3）确定调查的内容

调查内容根据调查目标的任务分解。例如，调查目标是提升客户满意度，调查内容就包括：现有客户的满意度，客户不满意的指标，客户对不同指标的重视程度。点击“确定调查的内容”按钮，在打开界面中填写内容，如图3.39所示：

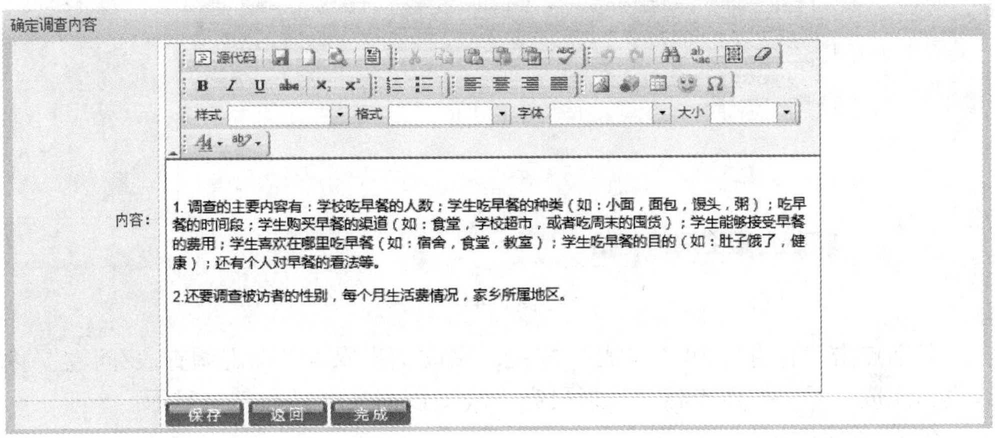

图3.39

分别点击“保存”和“完成”按钮，完成该步骤。“确定调查的内容”内容设置完成，后一操作步骤“确定调查对象和调查范围”以高亮度（彩色）显示。

（5）确定调查对象和调查范围

点击“确定调查对象和调查范围”按钮，在打开界面中填写内容，如图3.40所示：

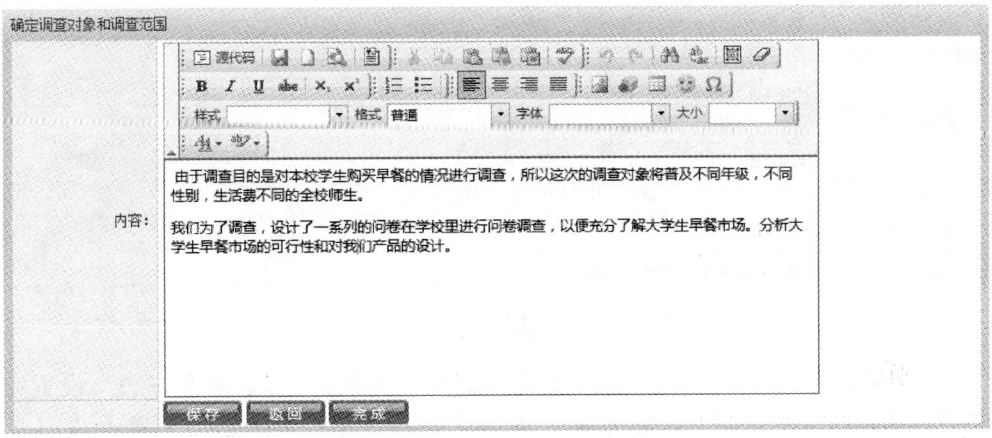

图3.40

分别点击“保存”和“完成”按钮，完成该步骤。“确定调查对象和调查范围”内容设置完成，后一操作步骤“拟定调查表/问卷”以高亮度（彩色）显示。

(6) 拟定调查表/问卷

点击“拟定调查表/问卷”按钮，在打开界面中填写内容，如图 3.41 所示：

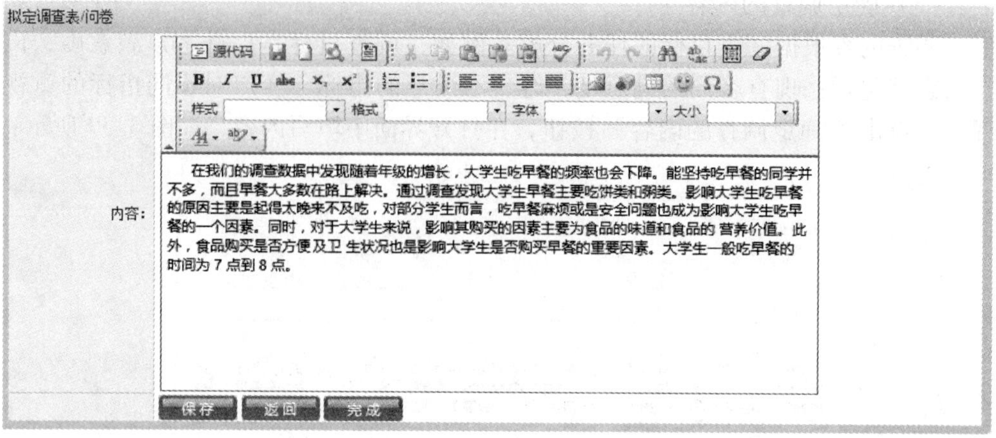

图 3.41

分别点击“保存”和“完成”按钮，完成该步骤。“拟定调查表/问卷”内容设置完成，后一操作步骤“选择研究方法”以高亮度（彩色）显示。

(7) 选择研究方法

点击“选择研究方法”按钮，在打开界面中选择调查研究方法，如图 3.42 所示：

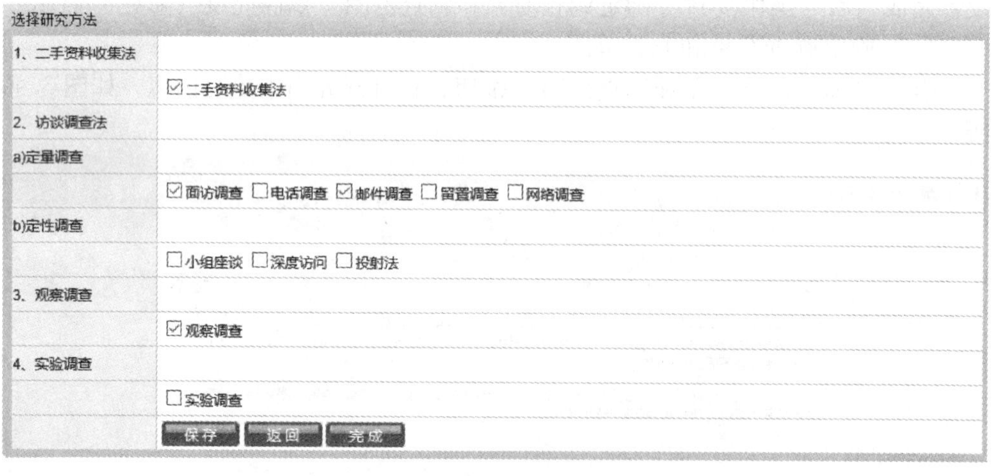

图 3.42

分别点击“保存”和“完成”按钮，完成该步骤。“选择研究方法”设置完成，后一操作步骤“制订调查实施的具体计划和质量控制方法”以高亮度（彩色）显示。

(8) 制订调查实施的具体计划和质量控制方法

点击“制订调查实施的具体计划和质量控制方法”按钮，在打开界面中填写内容，如图 3.43 所示：

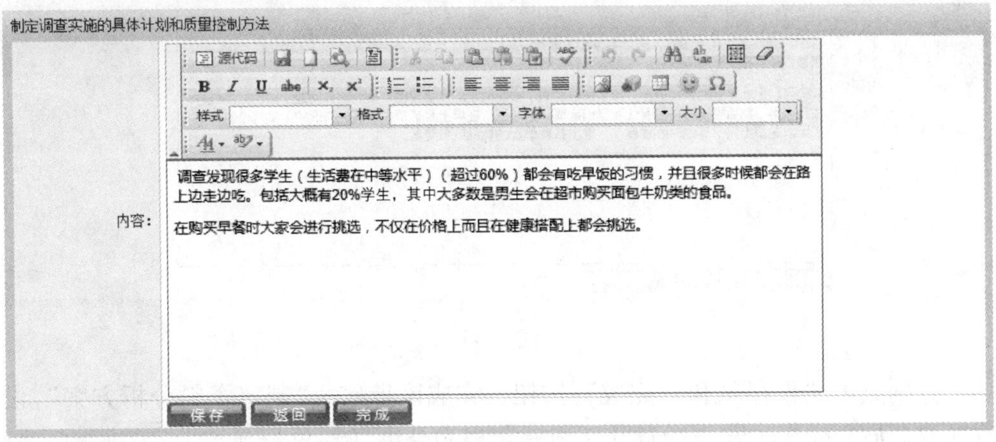

图 3.43

分别点击“保存”和“完成”按钮，完成该步骤。“制订调查实施的具体计划和质量控制方法”设置完成，后一操作步骤“制订调查组织计划”以高亮度（彩色）显示。

(9) 制订调查组织计划

点击“制订调查组织计划”按钮，在打开界面中填写内容，如图 3.44 所示：

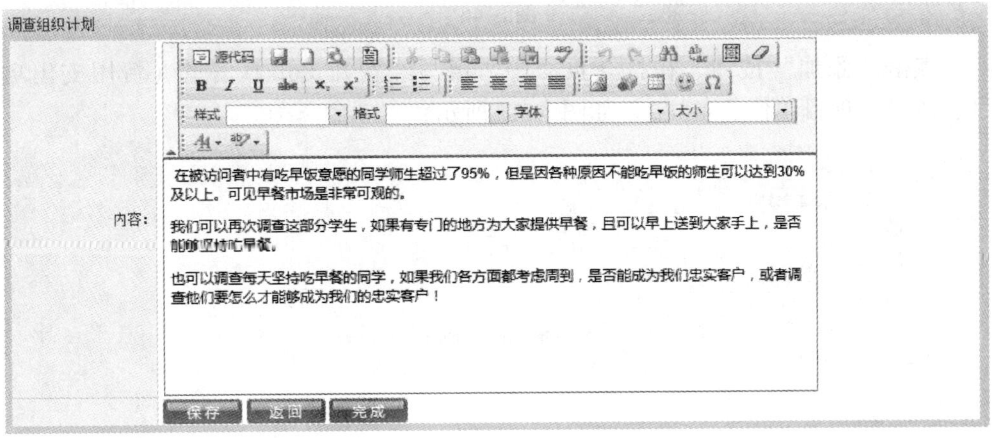

图 3.44

分别点击“保存”和“完成”按钮，完成该步骤。“制订调查组织计划”设置完成，后一操作步骤“制定资料分析方案”以高亮度（彩色）显示。

(10) 制定资料分析方案

点击“制定资料分析方案”按钮，在打开界面中填写内容，如图 3.45 所示：

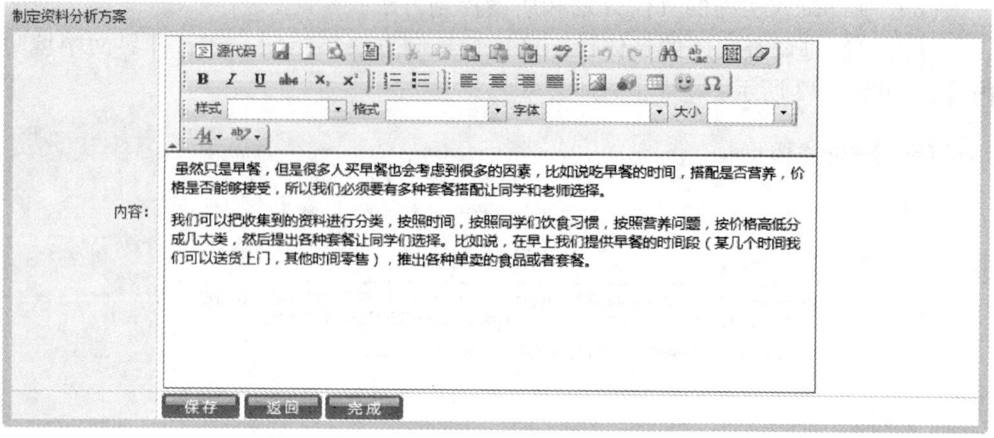

图 3.45

分别点击“保存”和“完成”按钮，完成该步骤。“制定资料分析方案”设置完成，后一操作步骤“经费开支预算”以高亮度（彩色）显示。

（11）经费开支预算

点击“经费开支预算”按钮，打开如下界面（图 3.46）：

图 3.46

点击“添加”按钮，在打开页面中，填写经费开支预算信息（费用支出项目、数量、项目单价、备注），如图 3.47 所示：

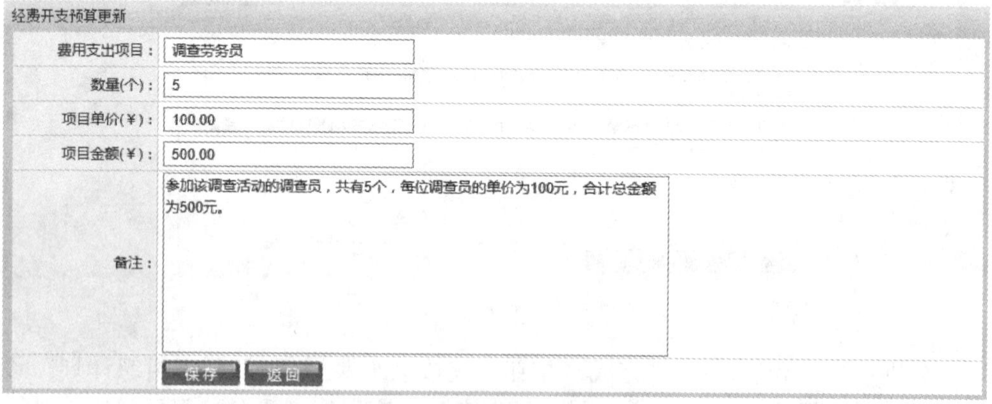

图 3.47

点击“保存”按钮，系统提示如图 3.48 所示：

图 3. 48

点击“确定”按钮，添加成功。按照以上方法继续添加经费开支预算信息，如图 3. 49 所示：

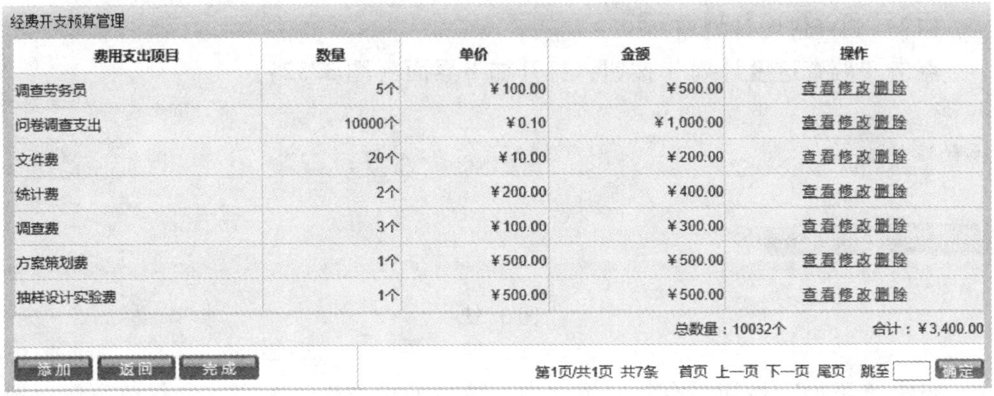
经费开支预算管理

费用支出项目	数量	单价	金额	操作
调查劳务员	5个	￥100.00	￥500.00	查看 修改 删除
问卷调查支出	10000个	￥0.10	￥1,000.00	查看 修改 删除
文件费	20个	￥10.00	￥200.00	查看 修改 删除
统计费	2个	￥200.00	￥400.00	查看 修改 删除
调查费	3个	￥100.00	￥300.00	查看 修改 删除
方案策划费	1个	￥500.00	￥500.00	查看 修改 删除
抽样设计实验费	1个	￥500.00	￥500.00	查看 修改 删除

总数量：10032个 合计：￥3,400.00

添加 返回 完成 第1页/共1页 共7条 首页 上一页 下一页 尾页 跳至 确定

图 3. 49

在确认经费开支预算信息添加完毕，不需要编辑（修改、删除）信息后，点击“完成”按钮，系统提示如图 3. 50 所示：

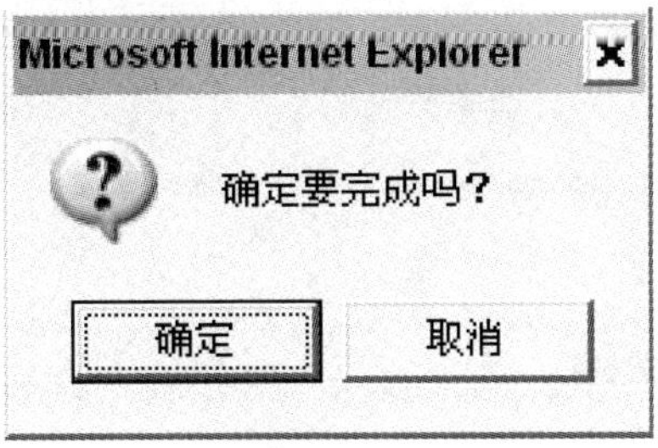

图 3. 50

点击“确定”按钮，系统提示如图 3. 51 所示：

图 3. 51

点击“确定”按钮，“经费开支预算”设置完成，后一操作步骤“调查进度计划”以高亮度（彩色）显示。

提示：在点击“完成”之后，经费开支预算信息将不能添加、修改、删除。

（12）调查进度计划

点击“调查进度计划”按钮，打开如下界面（图 3. 52）：

图 3. 52

点击“添加”按钮，在打开页面中，填写工作与活动内容、参与单位和活动小组、主要负责人及成员、备注，选择开始日期、结束日期，如图 3. 53 所示：

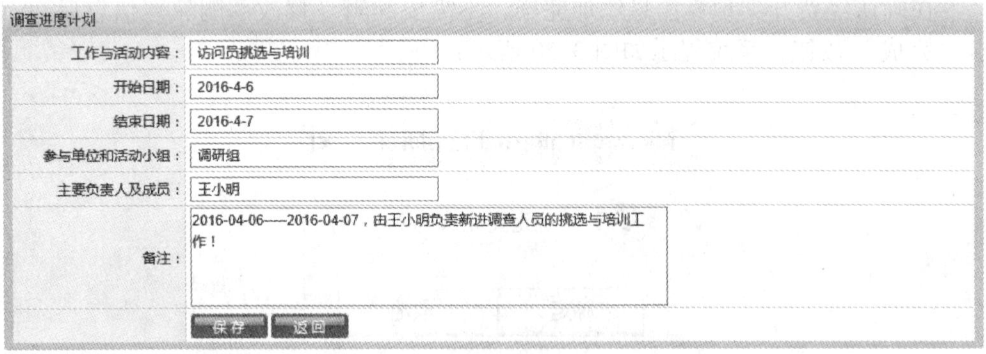

图 3. 53

点击“保存”按钮，系统提示如图 3. 54 所示：

图 3. 54

点击“确定”按钮，添加成功。按照以上方法继续添加调查进度计划，如图 3. 55 所示：

调查进度计划

工作与活动内容	开始时间	结束时间	操作
访问员挑选与培训	2016-04-06	2016-04-07	查看 修改 删除
问卷的设计与修改，打印	2016-04-06	2016-04-06	查看 修改 删除
预调查及问卷测试	2016-04-06	2016-04-07	查看 修改 删除
总体方案，抽样方案	2016-04-06	2016-04-06	查看 修改 删除
资料的分析与整理	2016-04-08	2016-04-08	查看 修改 删除

添加 返回 完成　第1页/共1页 共5条 首页 上一页 下一页 尾页 跳至 确定

图 3. 55

在确认调查进度计划添加完毕，不需要编辑（修改、删除）信息后，点击“完成”按钮，系统提示如图 3. 56 所示：

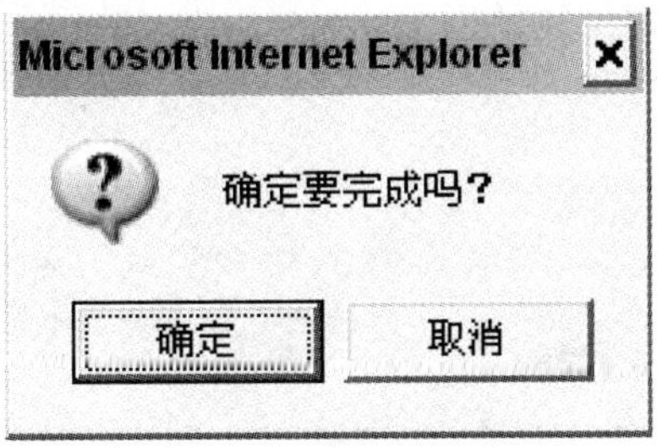

图 3. 56

点击“确定”按钮，系统提示如图 3. 57 所示：

图 3. 57

点击“确定”按钮，“调查进度计划”设置完成，后一操作步骤“报告提交方式”以高亮度（彩色）显示。

提示：在点击“完成”之后，调查进度计划信息将不能添加、修改、删除。

（13）报告提交方式

点击“报告提交方式”按钮，在打开界面中填写内容，如图 3. 58 所示：

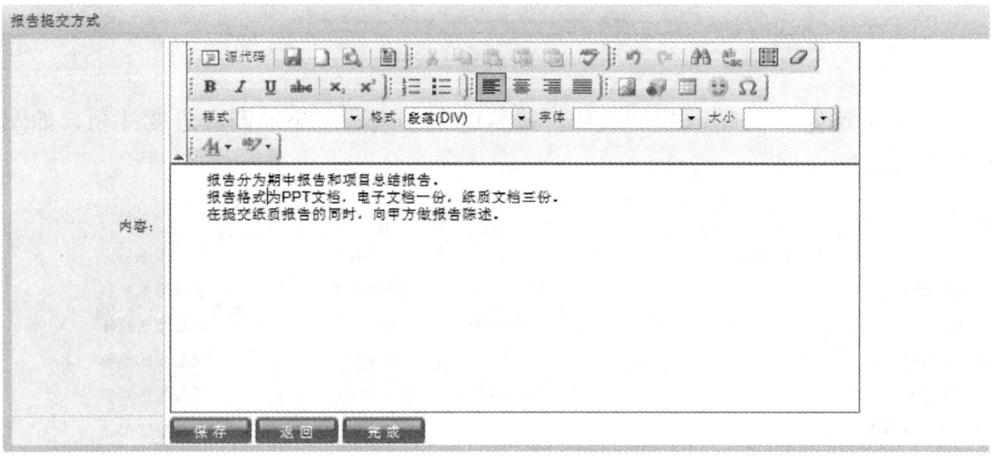

图 3. 58

分别点击“保存”和“完成”按钮，完成该步骤。“报告提交方式”设置完成，后一操作步骤“附件部分”以高亮度（彩色）显示。

（14）附件部分

点击“附件部分”按钮，在打开界面中填写内容，如图 3. 59 所示：

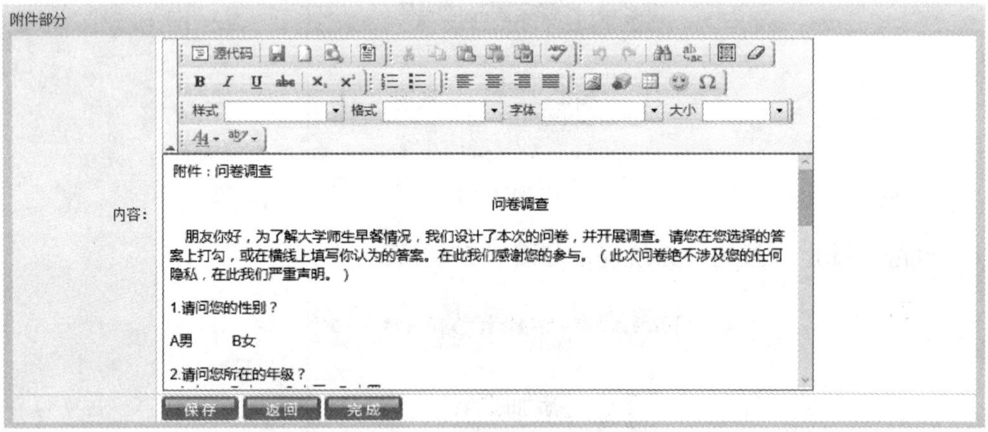

图 3. 59

分别点击“保存”和“完成”按钮，完成该步骤。“附件部分”设置完成，后一操作步骤“第二阶段→问卷设计”以高亮度（彩色）显示。

提示：1. 在点击“完成”之后，就不能修改内容。

2. 系统采用层次递进式实验方法，前一阶段实验内容完成后，才能进行后一阶段实验。如，“前言”完成后，才能进行“调查目的”实验操作。

（15）查看第一阶段实验结果

如果第一阶段实验内容全部填写、设置完成，则点击“第一阶段”

按钮，将显示第一阶段实验已填写、设置完成的实验全部内容，如图 3.60 所示。如果要对第一阶段的实验内容进行修改，可以点击进入修改。修改结束之后，先点击“保存”再点击“完成”，否则修改内容将不能保存。

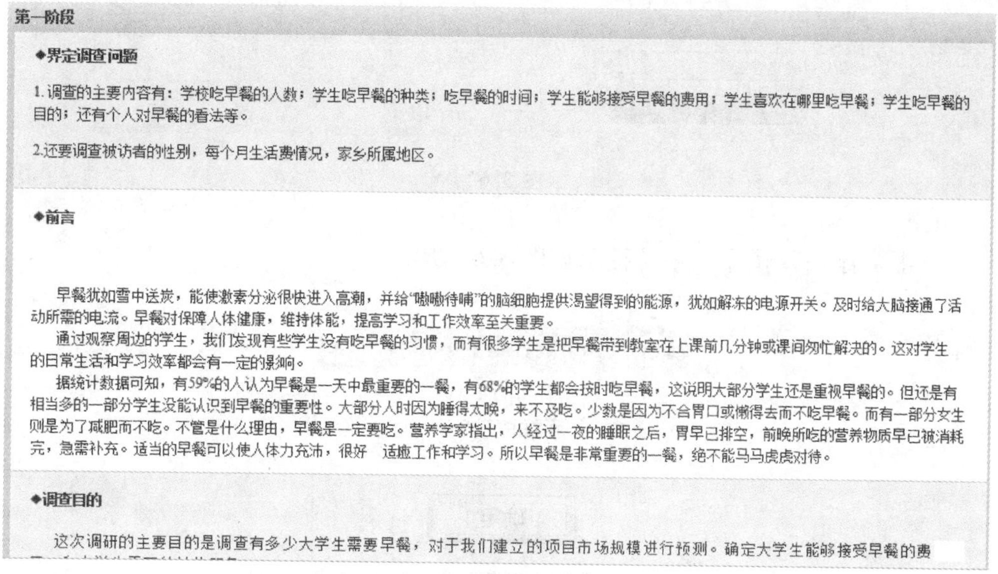

图 3.60

3.4.2 第二阶段

第二阶段实验内容包括：问卷设计、抽样设计、调查人员培训、收集资料四项。

（1）问卷设计

点击“问卷设计”按钮，打开如下界面（见图 3.61）：

图 3.61

点击“添加试卷”按钮，在打开页面中，填写标题、用途，选择类型，如图 3.62 所示：

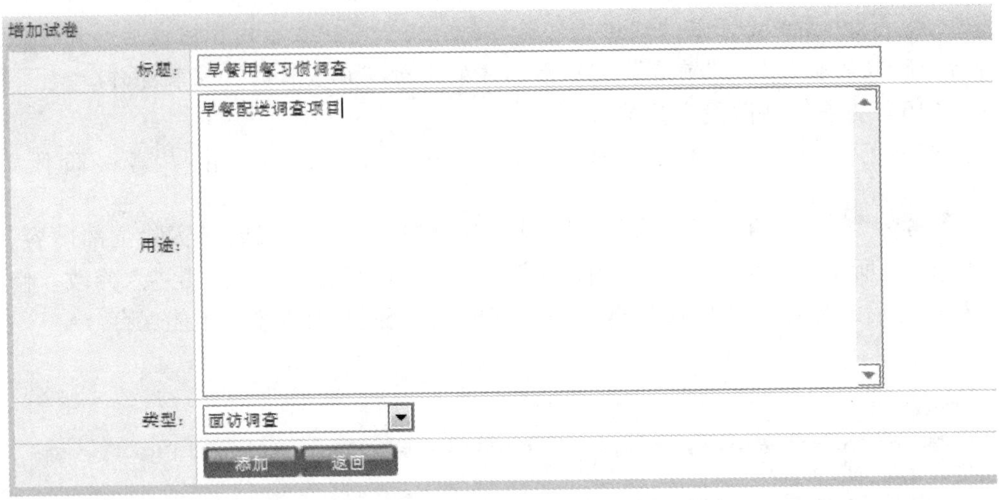

图 3.62

点击“添加”按钮，系统提示如图 3.63 所示：

图 3.63

点击“确定”按钮，系统自动跳转至如下界面（见图 3.64）：

图 3.64

点击“选题”栏中的“选题”，打开如下界面（见图 3.65）：在此界面中，点击上方的题型，下方将显示对应试题。点击试题旁边的复选框，将试题选中，即可生成问卷。

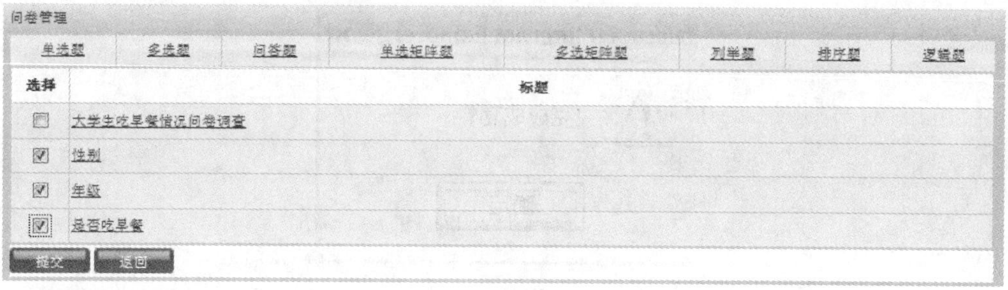

图 3.65

点击“提交”按钮，系统提示如图 3.66 所示：

图 3.66

点击“确定”按钮，试题添加成功！按照以上方法，继续添加其他题型试题。返回至如下页面（见图 3.67）：

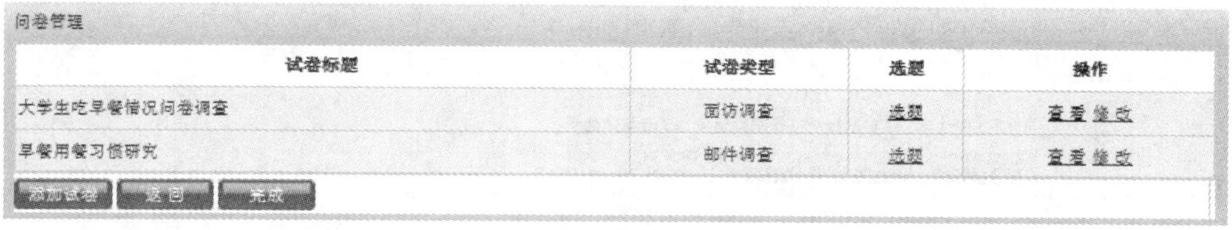

图 3.67

点击“完成”按钮，系统提示如图 3.68 所示：

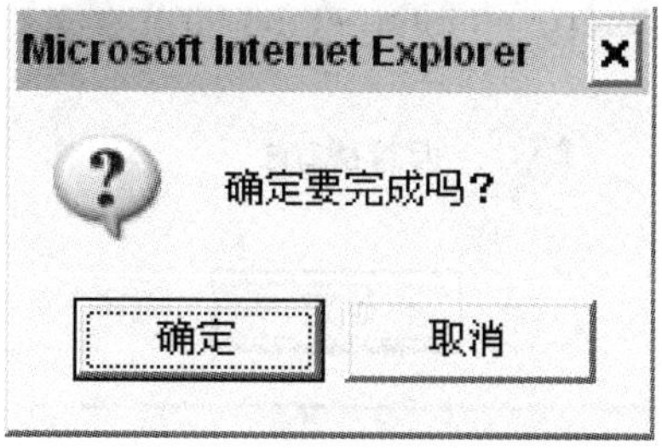

图 3.68

点击“确定”按钮，系统提示如图 3.69 所示：

图 3.69

“问卷设计”设置完成，后一操作步骤“第二阶段→抽样设计”以高亮度（彩色）显示。

提示：1. 在点击“完成”之后，就不能修改内容。

2. 在设计问卷之前，请先在“题库管理”模块中，添加试题。

3. 问卷管理中需要为每一种调查方法设计一种调查问卷，否则系统不会完成该阶段。以本案例为例，早餐配送调查有面访调查和邮件调查两种调查类型，因此有两份问卷。

（2）抽样设计

点击“抽样设计”按钮，在打开界面中，选择随机抽样和非随机抽样方案，如图 3.70 所示：

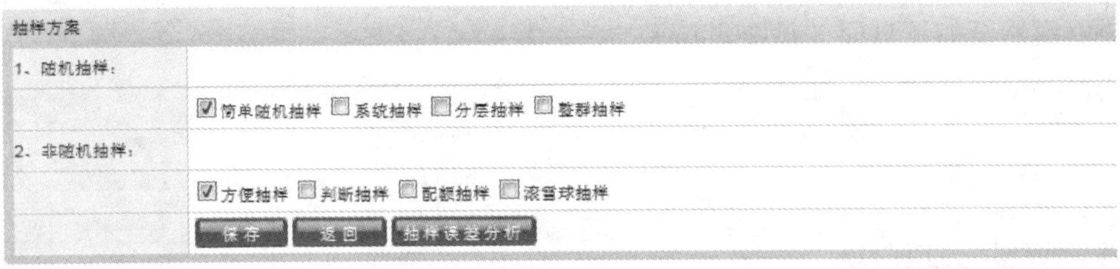

图 3.70

点击“保存”按钮，系统提示如图 3.71 所示：

图 3.71

点击“确定”按钮，页面跳转至如图 3.72 所示界面：

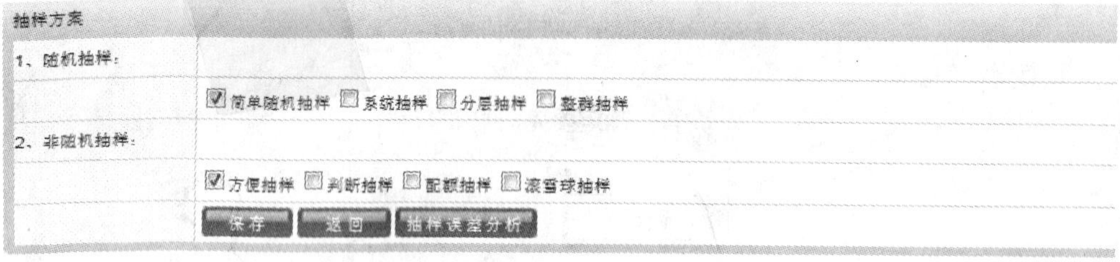

图 3.72

点击“抽样误差分析”按钮，在打开界面中，填写抽样误差分析结果，如图 3.73 所示：

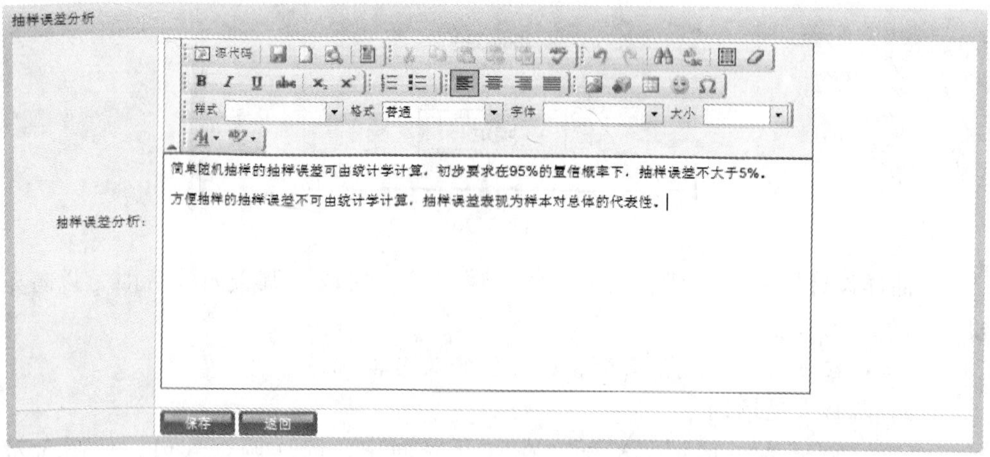

图 3.73

点击“保存”按钮，抽样误差分析添加成功，点击“返回”按钮，返回至如下页面（见图 3.74）：

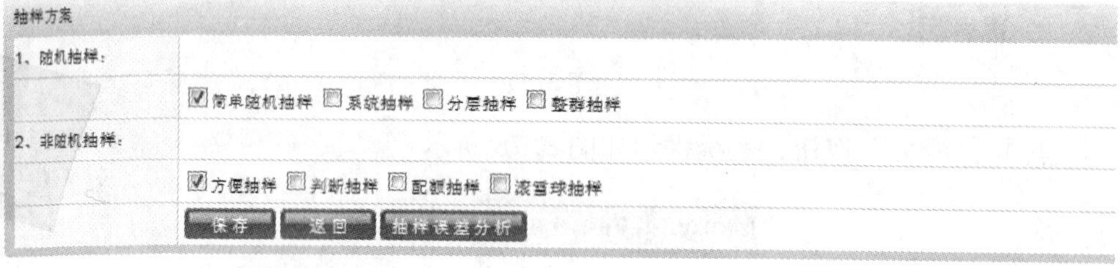

图 3.74

点击“完成”按钮，系统提示如图 3.75 所示：

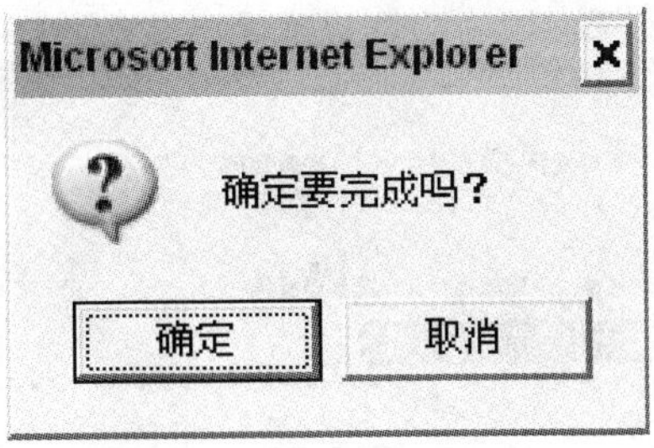

图 3.75

点击“确定”按钮，系统提示如图 3.76 所示：

图 3.76

“抽样设计”设置完成，后一操作步骤“第二阶段→调查人员培训”以高亮度（彩色）显示。

提示：在点击“完成”之后，就不能修改内容。

(3) 调查人员培训

点击“调查人员培训”按钮，在打开界面中，选择调查人员，如图 3.77 所示：

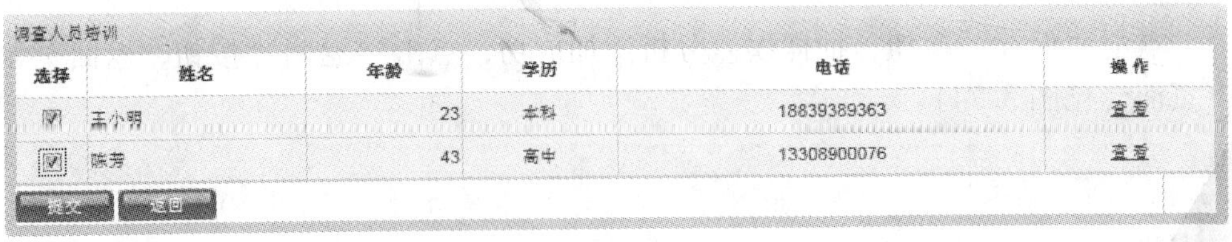

调查人员培训

选择	姓名	年龄	学历	电话	操作
☑	王小明	23	本科	18839389363	查看
☑	陈芳	43	高中	13308900076	查看

提交　返回

图 3.77

点击“提交”按钮，系统提示如图 3.78 所示：

图 3.78

点击“确定”按钮，页面跳转至如图 3.79 所示界面：

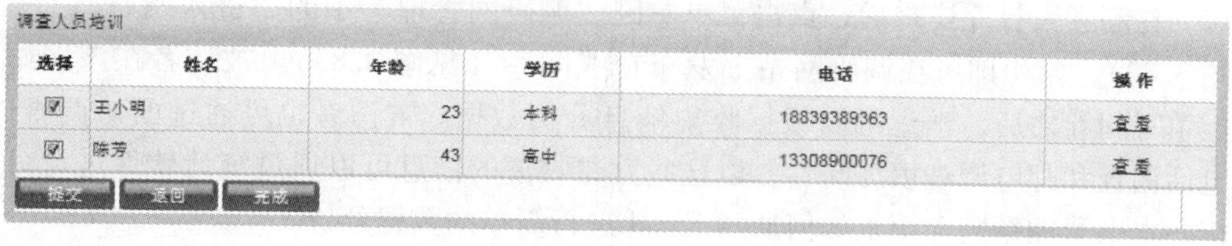
调查人员培训

选择	姓名	年龄	学历	电话	操作
☑	王小明	23	本科	18839389363	查看
☑	陈芳	43	高中	13308900076	查看

提交 返回 完成

图 3.79

点击“完成”按钮，系统提示如图 3.80 所示：

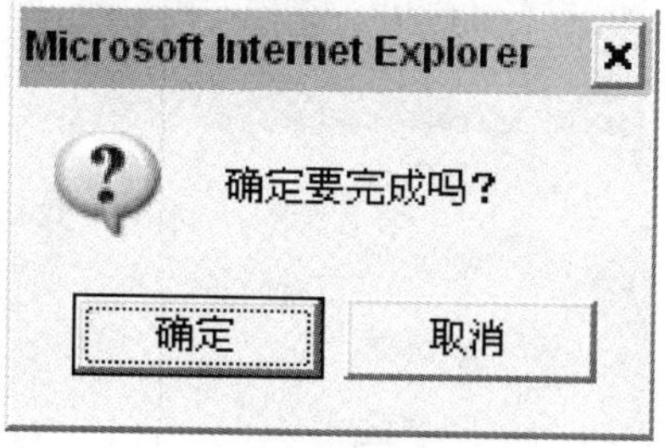

图 3.80

点击“确定”按钮，系统提示如图 3.81 所示：

图 3.81

“调查人员培训”设置完成，后一操作步骤“第二阶段→搜集资料”以高亮度（彩色）显示。

提示：在点击“完成”之后，就不能修改内容。

示例 3-1　神秘顾客培训

“神秘顾客”（mystery customer）是由经过严格培训的调查员，在规定或指定的时间里扮演成顾客，对事先设计的一系列问题逐一进行评估或评定的一种商业调查方式。神秘顾客要在身份不暴露的情况下，对测评对象进行客观公正的评价。因此，对神秘顾客的道德素质、调研专业技能和行业经验都有很高的要求。神秘顾客的选拔和培训也是相当严格的。

某市场调查公司将神秘顾客的培训分为 7 个部分：①前言；②项目介绍；③具体问卷说明；④访问物品使用；⑤神秘顾客访问流程；⑥问卷填写标准；⑦异常情况处理。并要求访问员经过培训后，考核合格方可上岗。

（4）收集资料

在问卷设计完毕之后，点击菜单左侧“调研网管理”中的“进入网站”（见图 3.82），学生即可在调研网站上发布在线问卷（见图 3.83）。被访者在该网站上填写问卷之后，学生可以根据收集信息分析数据。被访者也可通过面访调查、电话调查和邮电调查填写问卷，以这些方式收集的信息可以通过统计软件进行分析。本书第四章则介绍了如何通过 Excel 进行简单的数据分析。

图 3.82

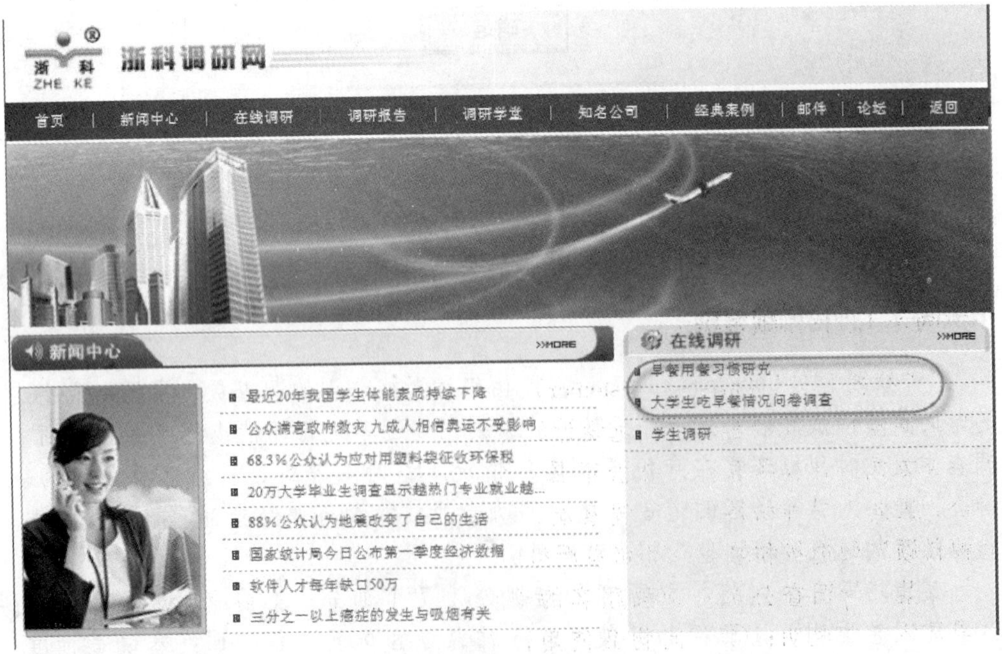

图 3.83

点击“搜集资料”按钮，打开如下界面（见图3.84），对话框中所显示的名单即是在调研网上填写了问卷的被访者。

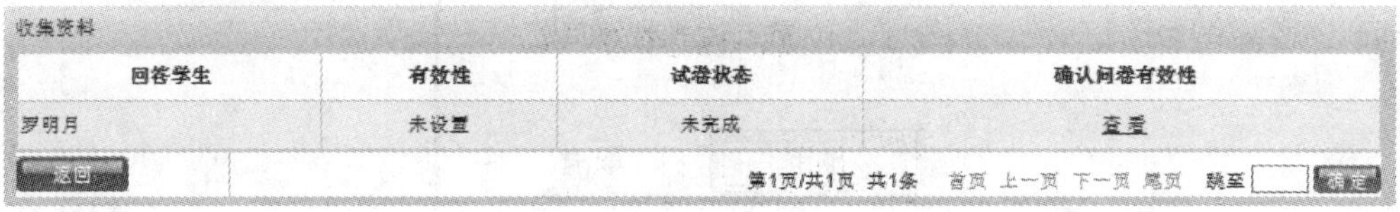

图3.84

点击“查看”栏中的“查看”，打开如下界面（见图3.85）：

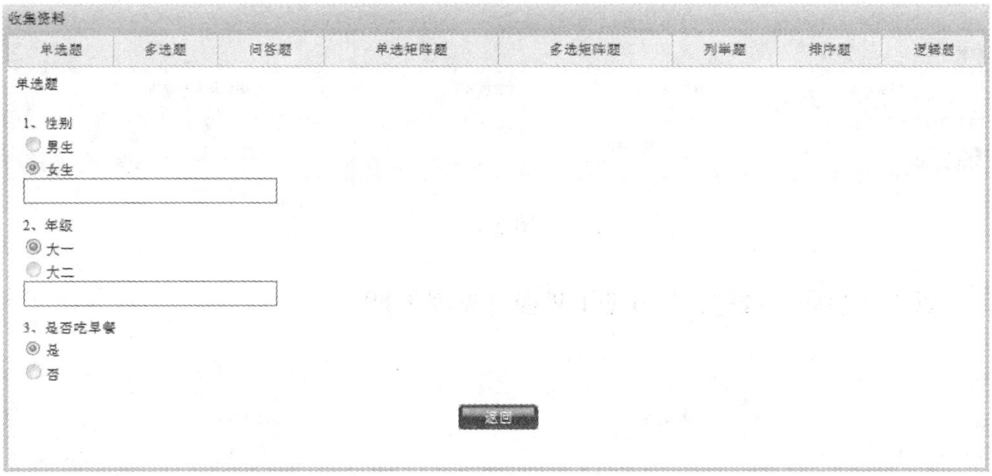

图3.85

该界面表示该名被访者没有完成问卷。完成问卷的被访者在点击“查看”后，所弹出的界面如图3.86所示。

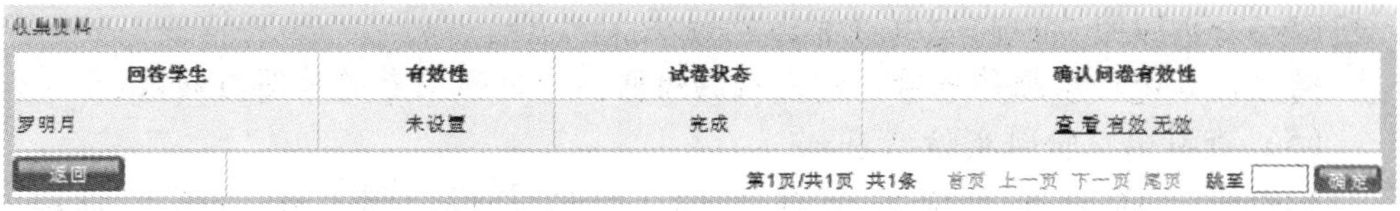

图3.86

页面显示了调研试卷的回答者完成了问卷，点击“确认问卷有效性”栏中的“查看”，可以查看该调查试卷及调查结果；如果确认该份调查试卷有效，请点击“确认问卷有效性”栏中的“有效”；反之，请点击“确认问卷有效性”栏中的“无效”。点击“确认问卷有效性”栏中的“有效”，系统提示如图3.87所示：

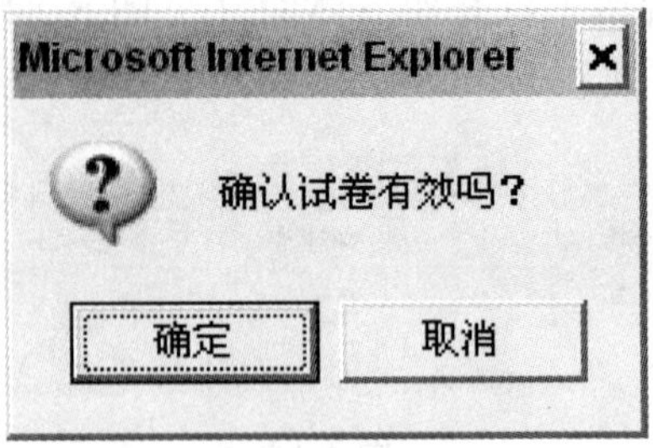

图 3.87

点击“确定”按钮，确认成功，弹出页面如图 3.88 所示：

图 3.88

点击“返回”按钮，打开如下界面（见图 3.89）：

图 3.89

点击“完成”按钮，确认完成。“搜集资料”设置完成，后一操作步骤“第三阶段→分析阶段”以高亮度（彩色）显示。

提示：在进行该操作之前，请完成调研网站中调研问卷的填写与确认。

（5）查看第二阶段实验结果

如果第二阶段实验内容全部填写、设置完成，则点击“第二阶段”

按钮，将显示第二阶段实验已填写、设置完成的实验全部内容，如图 3.90 所示：

图 3.90

3.4.3 第三阶段

第三阶段实验内容为数据分析阶段。

(1) 分析阶段

点击“分析阶段”按钮，在打开界面中，填写标题、内容，如图 3.91 所示：

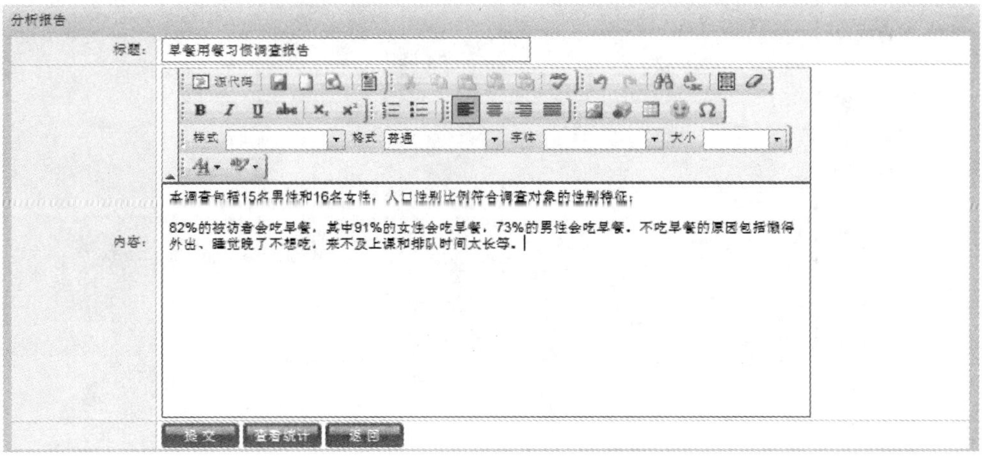

图 3.91

点击“提交”按钮，调研报告提交完成。页面跳转后点击“完成”按钮，系统提示如图 3.92 所示：

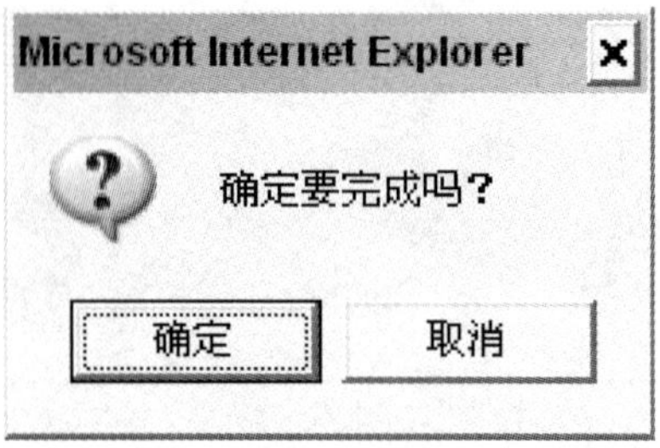

图 3.92

点击“确定”按钮，实验分析完成。您可以点击“查看统计” 

按钮，来查看调研统计结果，如图 3.93 所示：

图 3.93

选择试卷名称、题型后，点击“查看统计结果”按钮，打开如图 3.94 所示界面：

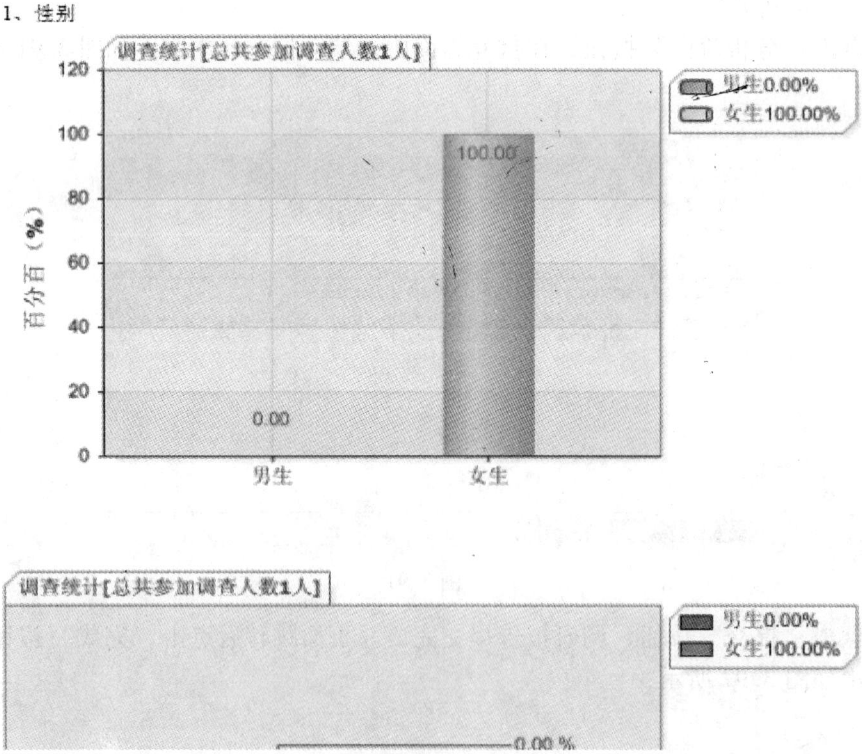

图 3.94

提示：已完成调查部分以高亮度显示；未完成调查部分以灰色显示。

（2）查看第三阶段实验结果

如果第三阶段实验内容全部填写、设置完成，则点击“第三阶段”

按钮，将显示第三阶段实验已填写、设置完成的实验全部内容。

3.4.4 查看教师评语

完成实验，教师对实验进行批阅之后，查看教师批阅信息。

打开如图 3.95 所示页面：

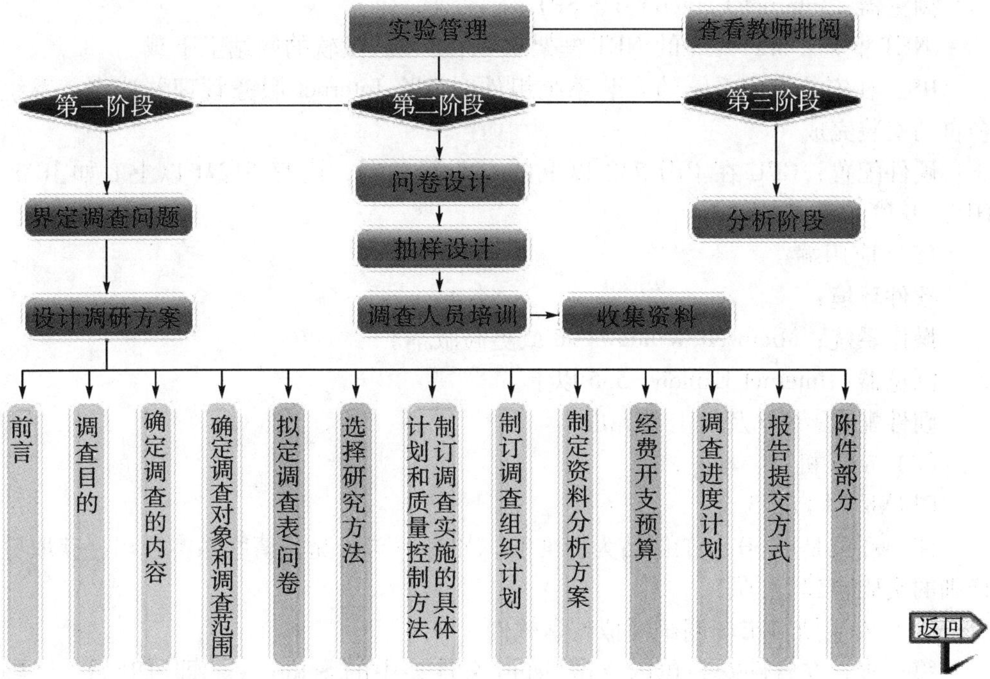

图 3.95

点击“查看教师批阅”

按钮，查看教师评语和实验得分，如图 3.96 所示：

图 3.96

3.5 教师实验准备

在实验进行之前，教师需要做好以下准备：

3.5.1 建设网络实验室

（1）服务器

软件环境：

操作系统：Microsoft Windows 2000 Server + SP3。

数据库：Microsoft SQL Server 2000 标准版或企业版，安装时选择混合模式。

浏览器：Internet Explorer 6 + SP1。

.NET 框架：Microsoft 的.NET 框架 1.1，可以从微软的网站上下载。

IIS：在安装操作系统的安装系统组件时，将 Internet 服务管理器选中，系统会自动安装完成。

硬件配置：CPU 在 PIII 733 以上的专业服务器，内存 512M 以上。如 IBM、HP、DELL、联想等。

（2）应用端

软件环境：

操作系统：Microsoft Windows 98 或更高版本。

浏览器：Internet Explorer 5.5 以上。

硬件配置：586 及以上 PC 机。

（3）交换机

DLINK 24 口，3 个。

注：环境是以 50 台工作站为标准的，如有不同情况，请联系本公司，获取更详细的实验室建设方案。

（4）安装浙科市场调研模拟教学软件

第一步，在软件安装包内点击 Setup 文件夹中的 Setup. exe 即可开始。详细安装说明请与我公司联系，索取详细安装过程资料。

第二步，安装结束后，请联系浙江航大科技开发有限公司获取注册码，软件注册后，便可使用浙科市场调研模拟教学软件。

第三步，进行数据库还原。

3.5.2 搭建实验环境

软件采用管理员—教师—学生的树型用户结构。

在实验进行之前，管理员添加教师，教师再进行班级和学生管理，设置实验信息，组织学生实验。以下为实验前的准备步骤：

3.5.2.1 管理员添加教师

系统管理员登录浙科市场调研模拟教学软件管理员端系统，点击“教师管理”模块，添加教师账号（见图 3.97）。

图 3.97

3.5.2.2 班级管理

教师登录浙科市场调研模拟教学软件教师端系统，点击“班级管理”模块，添加实验班级（见图 3.98）。

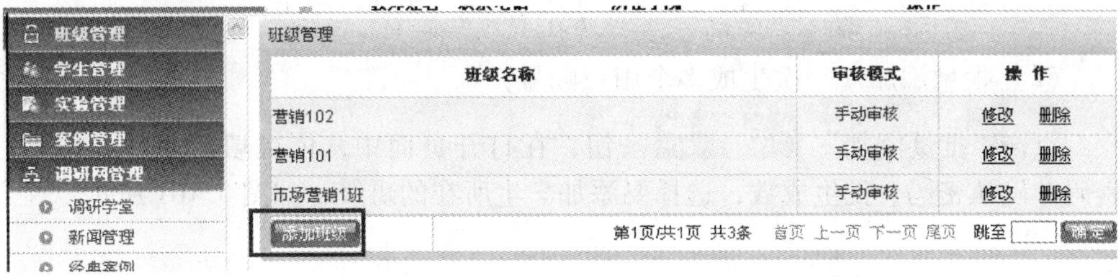

图 3.98

3.5.2.3 学生管理

班级添加后，向该班级添加学生用户。点击“学生管理”模块，添加参加实验的学生信息（见图 3.99）。

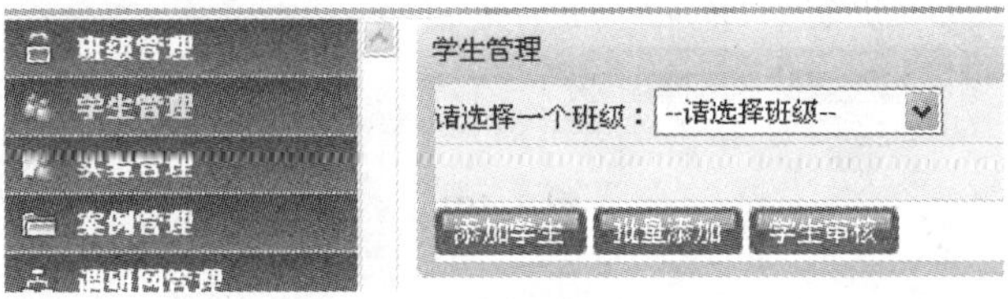

图 3.99

添加学生信息共有三种方式：单用户添加、批量添加和学生注册。

（1）单用户添加

点击“添加学生” 

按钮，在打开页面中，依次填入用户名、密码、确认密码、真实姓名，选择要添加学生所在的班级，如图 3.100 所示：

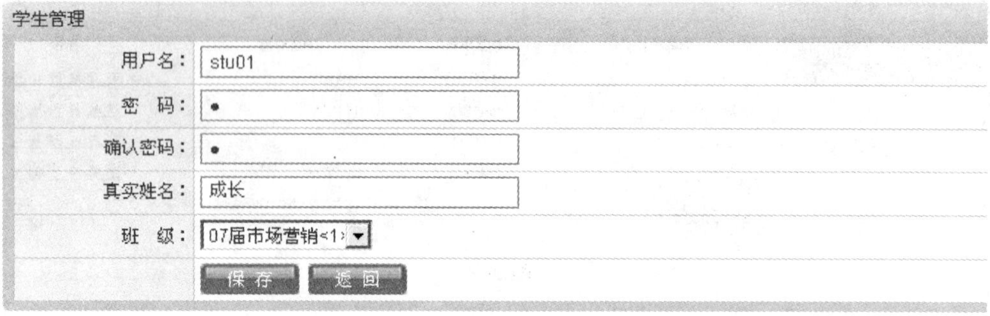

图 3.100

点击“保存”按钮，用户添加成功。

提示：1. 所属的班级，如果没有班级可选，请先在班级管理中添加。

2. 必须确保“密码”与“确认密码”一致。

（2）批量添加（一次生成多个用户账号）

点击“批量添加” 

按钮，在打开页面中，依次填写用户名前缀、密码、确认密码、批生成数，选择要添加学生所在的班级，如图 3.101 所示：

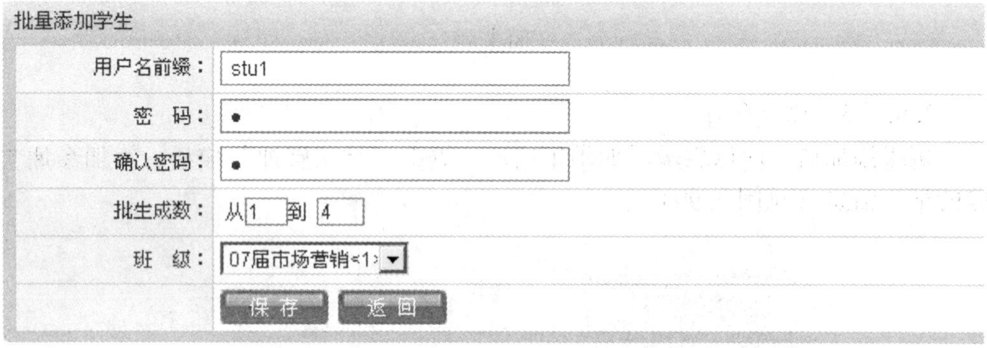

图 3.101

点击“保存”按钮，添加完成。

提示：1. 批生成数指生成用户名的数量范围。

2. 所属的班级，如果没有班级可选，请先在班级管理中添加。

3. 必须确保“密码”与“确认密码”一致。

（3）学生自己注册，教师审核

学生在系统登录页面点击“注册”，注册学生信息。若所选择的班级为教师设置的“自动审核”的班级，注册成功后就可使用该账号登录系统，若班级为“手动审核”，还需待教师审核通过后，才能使用注册的账号（见图 3.102）。

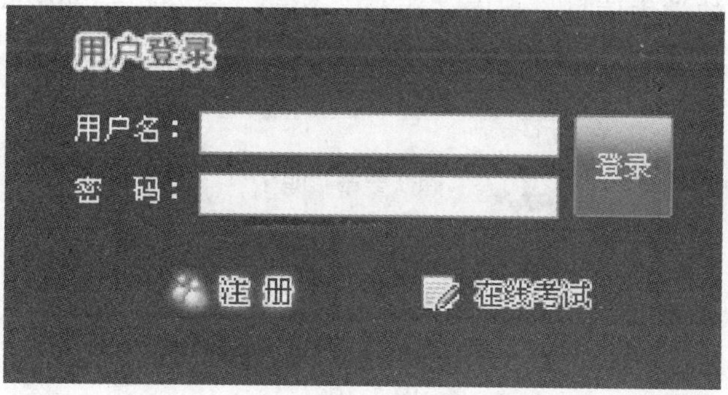

图 3.102

教师审核：学生管理，如图 3.103 所示。

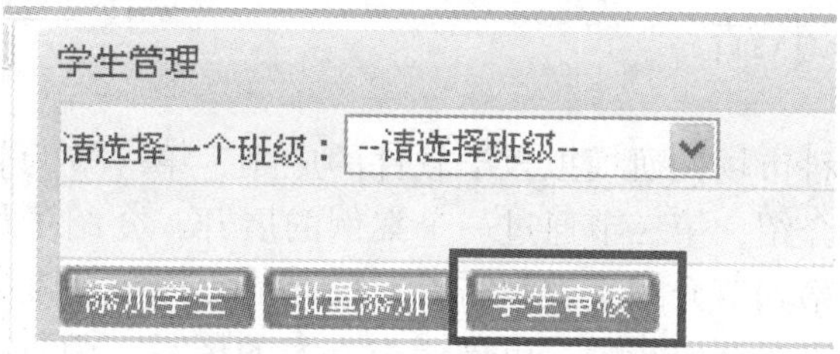

图 3.103

点击“学生审核”按钮，打开如图 3.104 所示页面：

图 3.104

点击“请选择一个班级”下拉框，系统自动检索出该班级中未审核的学生信息，如图 3.105 所示：

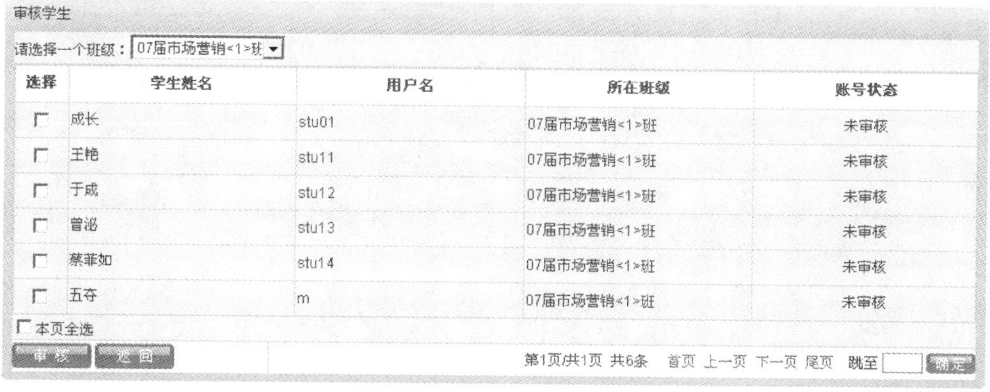
审核学生

请选择一个班级：07届市场营销<1>班

选择	学生姓名	用户名	所在班级	账号状态
□	成长	stu01	07届市场营销<1>班	未审核
□	王艳	stu11	07届市场营销<1>班	未审核
□	于成	stu12	07届市场营销<1>班	未审核
□	曾泌	stu13	07届市场营销<1>班	未审核
□	蔡菲如	stu14	07届市场营销<1>班	未审核
□	五夺	m	07届市场营销<1>班	未审核

□ 本页全选

审 核 返 回 第1页/共1页 共6条 首页 上一页 下一页 尾页 跳至 确定

图 3.105

选择要审核的学生信息，点击“审核”按钮，系统提示如图 3.106 所示：

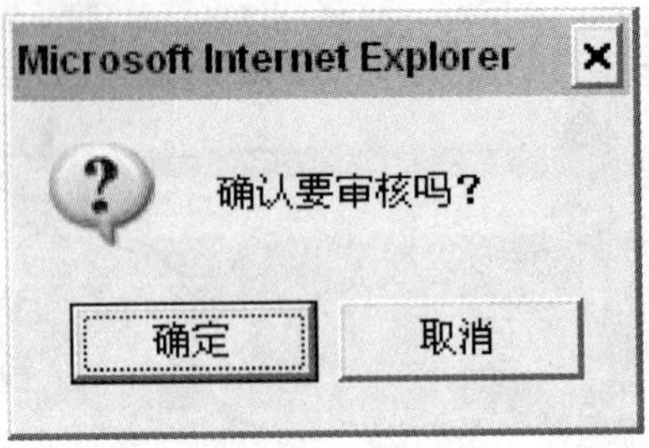

图 3.106

点击“确定”按钮，审核成功。

3.6 本章小结

本章介绍了浙科市场调研模拟教学软件的应用，第一节为软件介绍，第二节为软件界面和功能介绍，第三节通过一个案例的展开，介绍了如何应用软件来掌握市场调研流程，第四节介绍了教师需要在授课前完成哪些准备工作。通过本章学习，学生应掌握市场调研步骤、市场调查方案的撰写、调研问卷撰写、调研报告撰写等内容。

练习与思考

1. 学生根据指导教师开放的实验，选择感兴趣的调研题目进行实验管理。
2. 问卷设计的顺序和技巧?
3. 抽样技术中各种抽样方法的含义、适用范围和操作步骤。

4 数据整理与分析

如果学生的调查问卷是通过浙科市场调研模拟教学软件在线发布的，该软件会根据问卷的回答情况自动进行数据整理和分析。但是如果学生选择的调研主题其调研对象不完全是高校学生，或者网上填写的有效问卷数量不足，学生仍应该通过其他的方式实施市场调研。调研结束后的工作就是数据整理和分析。

对于数据分析部分，有的教材侧重于从统计学的角度介绍每一种分析的原理和公式，有的教材也会结合统计分析软件来介绍每一种分析的操作过程，但是一般会选择 SPSS 软件。SPSS（Statistical Package for the Social Sciences）称为社会科学统计软件包，是世界上最早的统计分析软件。其操作简便、功能全面，广泛应用于统计学、经济学、数学、心理学、农业、林业等各个行业。深入全面地挖掘数据的信息的能力，对市场调研取得的初始数据分析起到至关重要的作用。但是 SPSS 也需要独立安装，此外未汉化的英文版本给学生的学习加大了难度。因此，本书将理论与实践结合起来，介绍了如何用 Excel 完成简单的数据分析。事实上，对于本科学生完成的市场实训调研或者初学者而言，熟练地掌握 Excel 基本上可以完成数据分析部分的工作。但是如果还要继续深入，学生仍然需要学习并掌握其他统计软件。

4.1 Excel 软件介绍

Microsoft Excel 是微软公司的办公软件 Microsoft office 的组件之一，是由 Microsoft 为 Windows 和 Apple Macintosh 操作系统的电脑而编写和运行的一款试算表软件。Excel 是微软办公套装软件的一个重要的组成部分，它可以进行各种数据的处理、统计分析和辅助决策操作，广泛地应用于管理、统计财经、金融等众多领域。Excel 中有大量的公式函数可以应用选择，使用 Microsoft Excel 可以执行计算，分析信息并管理电子表格或网页中的数据信息列表与数据资料图表的制作，可以实现许多方便的功能，给使用者带来方便。Excel 是基于大学学习过程中相对比较基础和重要的软件之一。由于 Excel 应用广泛、操作简单以及与其他分析软件的兼容性，在处理一些简单的数据分析时，Excel 是一个可行的选择。本书以 Excel2010 版本为基础，将常用的 Excel 分析功能进行了演示，包括单变量的描述统计分析、多变量的回归分析、相关分析和方差分析，部分市场预测方法也可以利用 Excel 实现。

4.2 单变量的数据集中趋势分析

4.2.1 平均值

平均值（mean）是描述样本数据集中趋势最基本、最简单、最常用的一个统计量，它表示一系列数据或统计总体的平均特征。在 Excel 中，用 AVERAGE 指令可以完成对目标数据的平均值分析。

【例 4.1】某高校调查大学生日常支出的情况如表 4.1 所示，采用随机抽样的方法抽取本校 60 名学生，每位学生的平均月消费如表 4.1 所示，样本每个月的平均消费是多少？

表 4.1　　某高校大学生月平均消费表　　单位：元

850	1 990	2 000	1 740	1 610	830	1 840	1 650	1 810	2 160
1 530	1 550	2 220	780	700	1 140	1 760	940	1 920	1 410
2 380	1 320	1 480	1 760	1 520	2 370	1 340	1 570	1 070	1 850
1 970	1 030	2 220	790	810	2 170	830	1 960	2 340	680
2 340	1 050	1 370	930	1 180	1 780	960	1 820	1 950	870
2 190	1 120	1 800	1 890	1 550	680	870	1 590	2 160	980

选择“公式”→“其他函数”→“统计”→“AVERAGE”函数，如图 4.1 所示。弹出“AVERAGE”函数对话框，鼠标拖动选定数据或直接在“函数参数”中输入选定数据范围，例如 A1：J6，如图 4.2 所示。点击“确定”按钮，即得到平均值。即样本每个月的平均消费是 1 516 元，如图 4.3 所示。

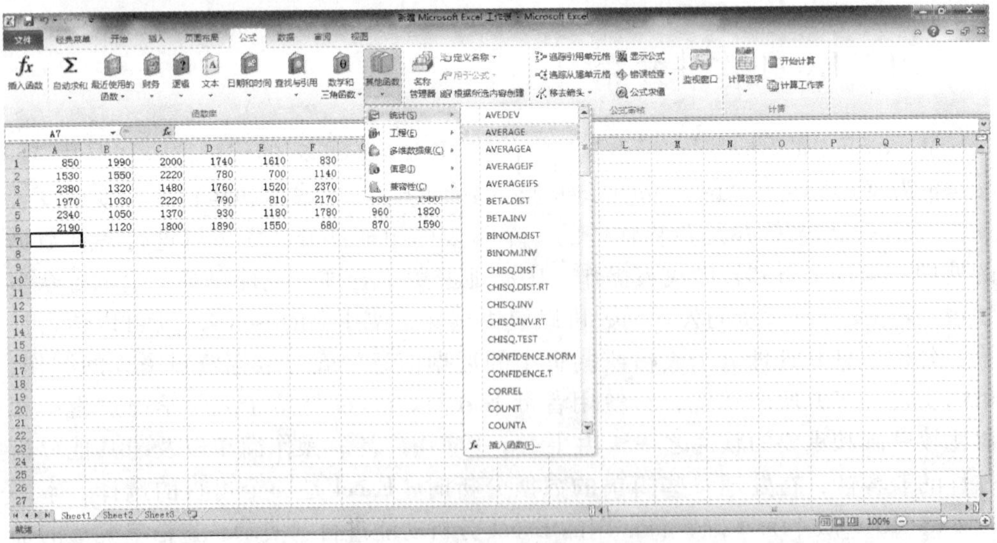

图 4.1

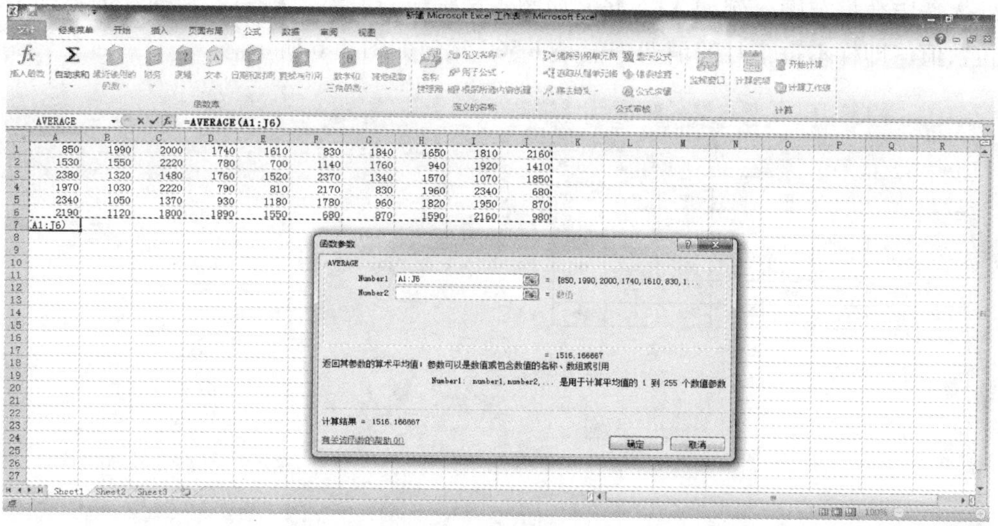

图 4.2

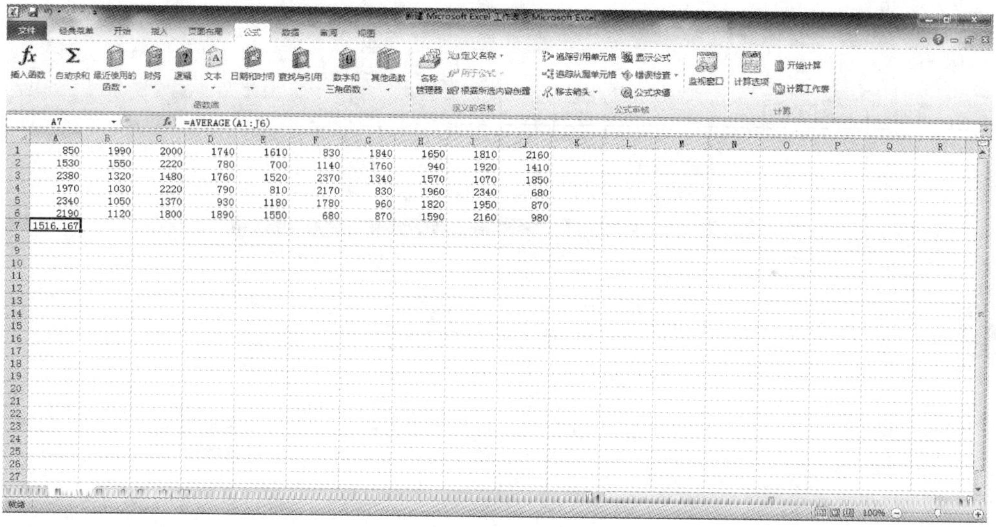

图 4.3

4.2.2 中位数

中位数（median）是指将总体或样本数据按从小到大或从大到小顺序排列起来，形成一个数列，居于数列中间位置的那个数据。如果总体或样本的总数个数是奇数，按由小到大顺序排在中间位置的数即为中位数；如果总体或样本的总数个数是偶数，按从小到大的顺序，排在中间位置那两个数的平均值则为中位数。由此可见，中位数不一定是总体或样本中的某个数据。

【例 4.2】对例 4.1 中的大学生消费水平求中位数。

选择“公式”→“其他函数”→“统计”→“MEDIAN”函数，如图 4.4 所示。弹出“MEDIAN”函数对话框，鼠标拖动选定数据或直接在“函数参数”中输入选定数据范围，例如 A1：J6，如图 4.5 所示。点击“确定”按钮，即得到中位数值。即样本每个月的消费中值是 1 560 元，如图 4.6 所示。

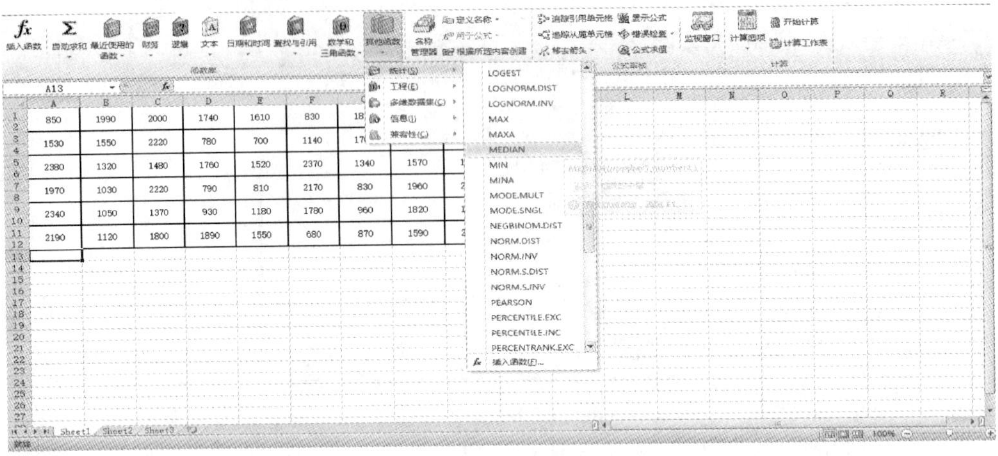

图 4.4

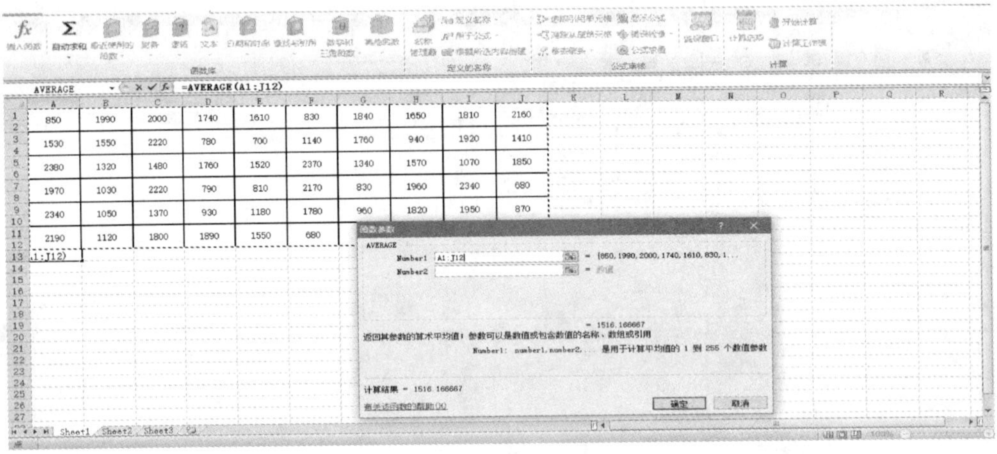

图 4.5

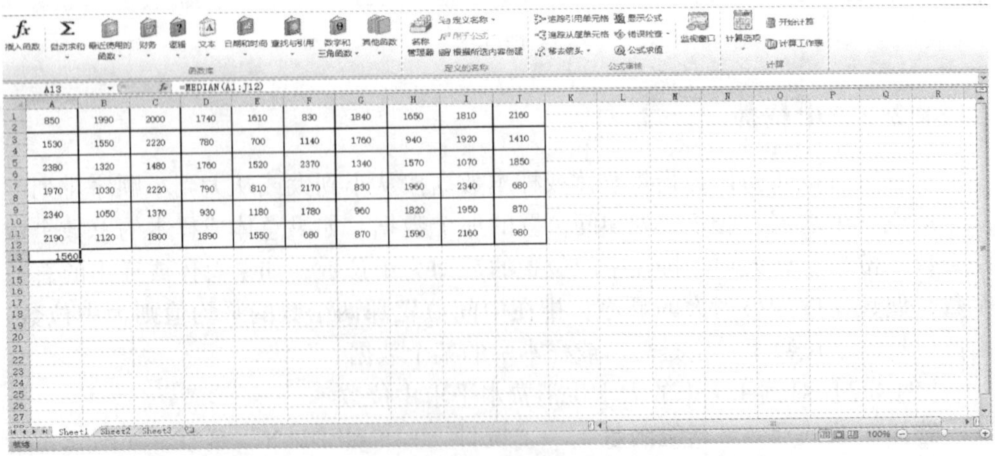

图 4.6

4.2.3 众数 MODE

众数（Mode）是一组数据中出现次数最多的数值，也可以认为是一组数据中占比例最多的数值。有时众数在一组数中有好几个，此时用众数代表一组数据，可靠性较差，不过，众数不受极端数据的影响，并且求法简便。在一组数据中，如果个别数据有很大的变动，选择众数表示这组数据的“集中趋势”就比较适合。当数值或被观察者没有明显次序（常发生于非数值性资料）时，由于可能无法良好定义算术平均数和中位数，计算众数显得特别有用。

【例 4.3】对例 4.1 中的大学生消费水平求众数。

选择“公式”→“其他函数”→“统计”→“MODE”函数，如图 4.7 所示。弹出“MODE”函数对话框，鼠标拖动选定数据或直接在“函数参数”中输入选定数据范围，例如 A1：J6，如图 4.8 所示。点击“确定”按钮，即得到众数数值。即样本每个月消费费用出现次数最多的是 830 元，如图 4.9 所示。

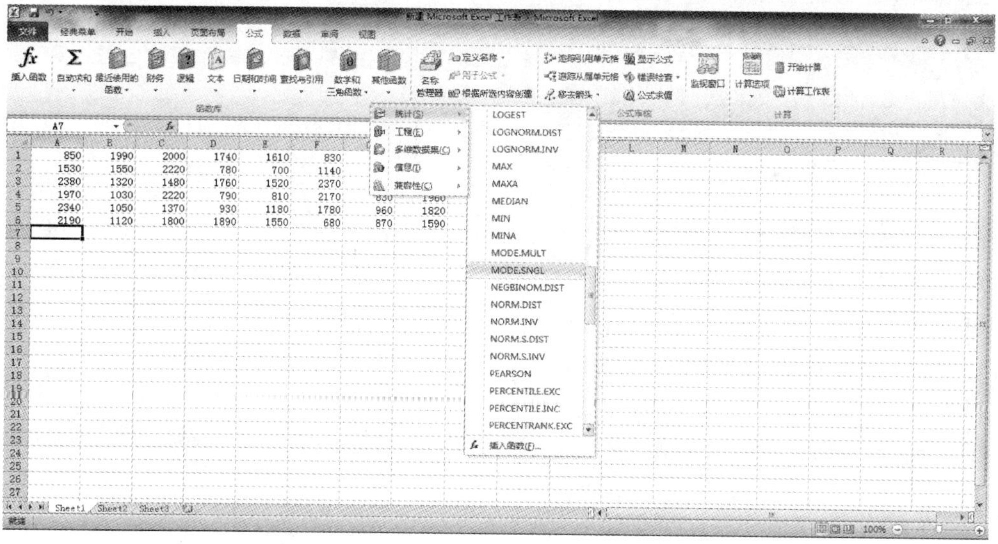

图 4.7

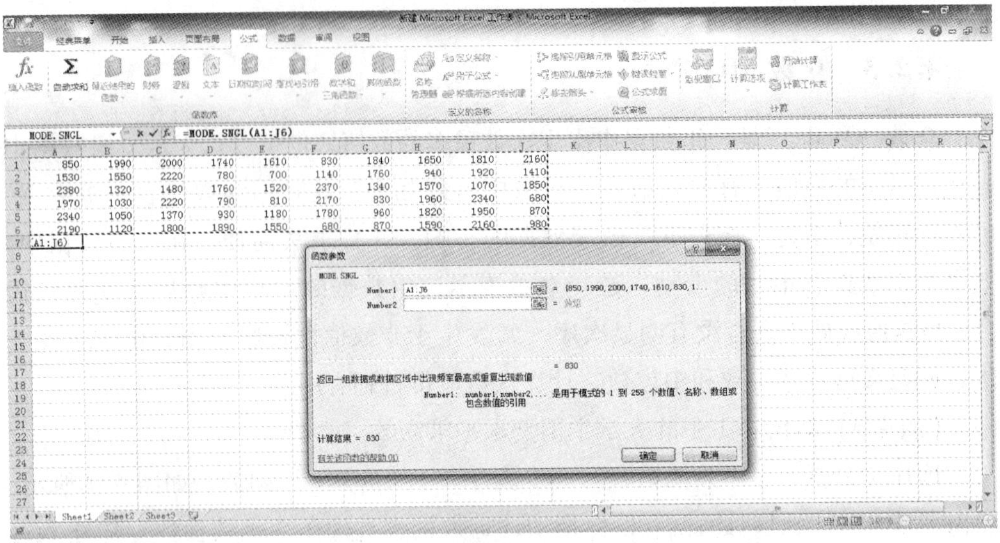

图 4.8

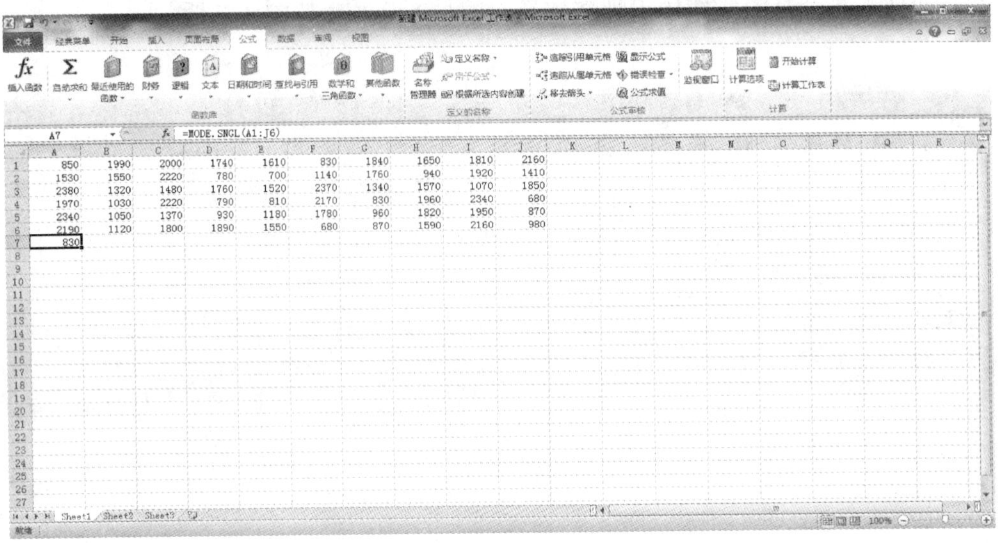

图 4.9

4.3 单变量的数据离散程度分析

4.3.1 方差 STDEV 指令

方差（统计学名词）是指各个数据与平均数之差的平方的平均数，即 $s^2=1/n[(x_1-\bar{x})^2+(x_2-\bar{x})^2+\ldots+(x_n-\bar{x})^2]$，也就是和中心偏离的程度。方差用来衡量一批数据的波动大小（即这批数据偏离平均数的大小）。在样本容量相同的情况下，方差越大，说明数据的波动越大，越不稳定。

【例 4.4】对例 4.1 中的大学生消费水平求方差。

选择“公式”→“其他函数”→“统计”→“STDEV”函数，如图 4.10 所示。弹出“STDEV”函数对话框，鼠标拖动选定数据或直接在“函数参数”中输入选定数据范围，例如 A1∶J6，如图 4.11 所示。点击“确定”按钮，即得到方差 STDEV 数值。可得样本中大学生消费水平的方差为 515.286 6，由此说明大学生的消费水平波动较大。如图 4.12 所示。

【注意：STDEV. S 假设其参数是总体样本。如果数据代表整个总体，应使用 STDEV. P 计算标准偏差。但对于大样本容量，函数 STDEV. S 和 STDEV. P 计算结果大致相等。】

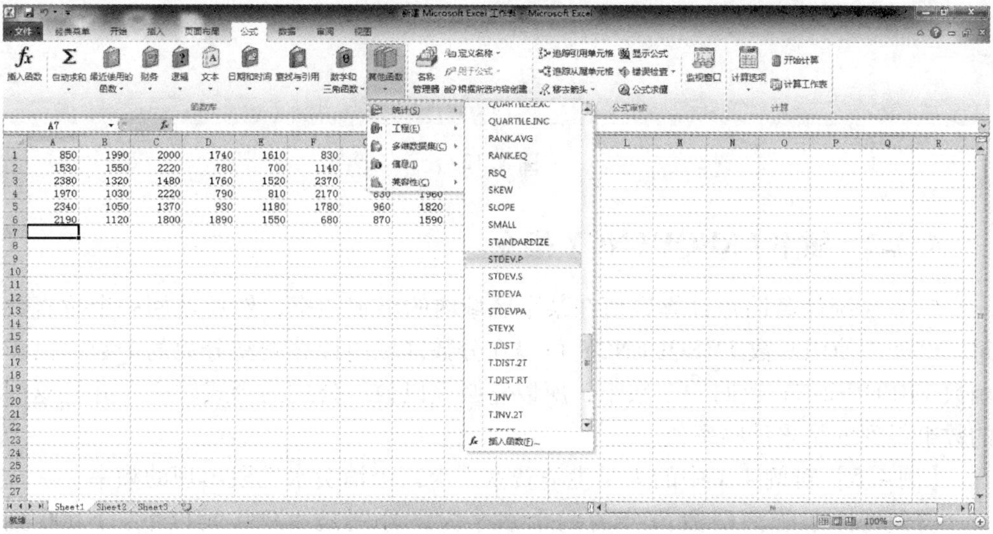

图 4.10

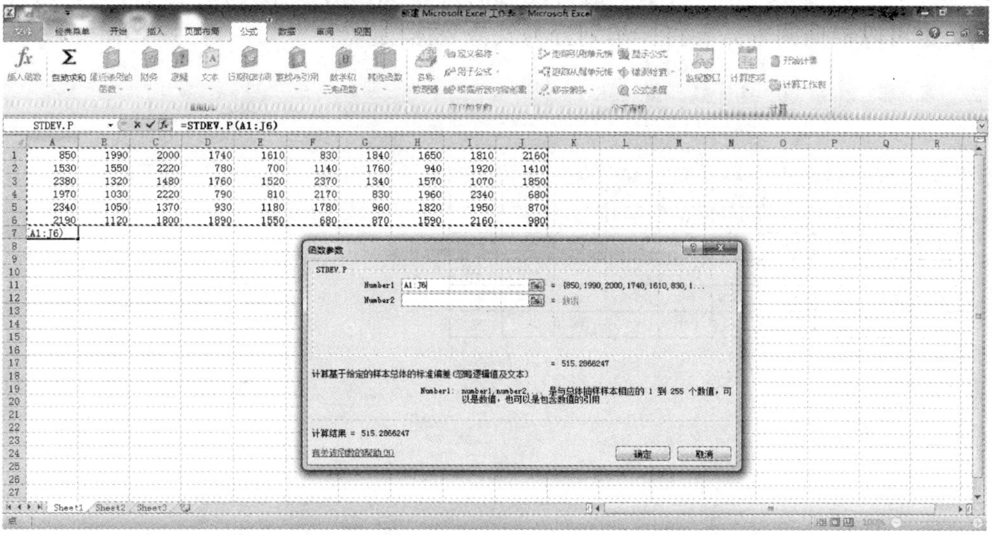

图 4.11

图 4.12

4.3.2 频率 FREQUENCY 指令

频率（统计名词）计算数值在某个区域内的出现频率，然后返回一个垂直数组。例如，使用函数 FREQUENCY 可以在分数区域内计算测验分数的个数。由于函数 FREQUENCY 返回一个数组，所以它必须以数组公式的形式输入。并且返回的数组得到的是累计频率值。

【例 4.5】对例 4.1 中的大学生消费水平求某个消费水平段出现的频率。

首先将样本的消费数值分为四个水平段，分别是 1 000 元以下，1 000 到 2 000 元，2 000 到 3 000 元，以及 3 000 元以上。此时的分段点分别是 1 000、2 000、3 000，如图 4.13 所示。值得注意的是，现在的数据分段是人为的，研究人员也可以根据调查需要将样本划分为其他数据段。

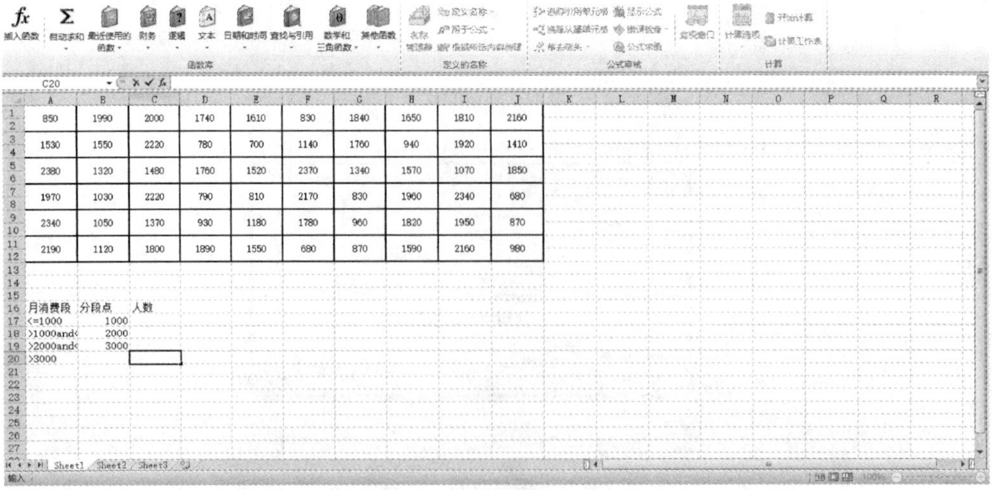

图 4.13

选择“公式”→“其他函数”→“统计”→“FREQUENCY”函数，如图 4. 14 所示。弹出“FREQUENCY”函数对话框，如图 4. 15 所示。对话框要求填入两组参数，date_array 表示数据阵列，填入的是要做频率分析的数据组，本例中为 A1：J6。Bins_array 表示分组阵列，即对什么数据段进行统计，本例中为 A17：B17。点击“确定”按钮，即得到频率 FREQUENCY 数值。即可得样本中大学生消费水平<1 000 的有 15 人，重复以上操作便可得到在研究者设计的分组段的所有累计频率。如图 4. 16 所示。

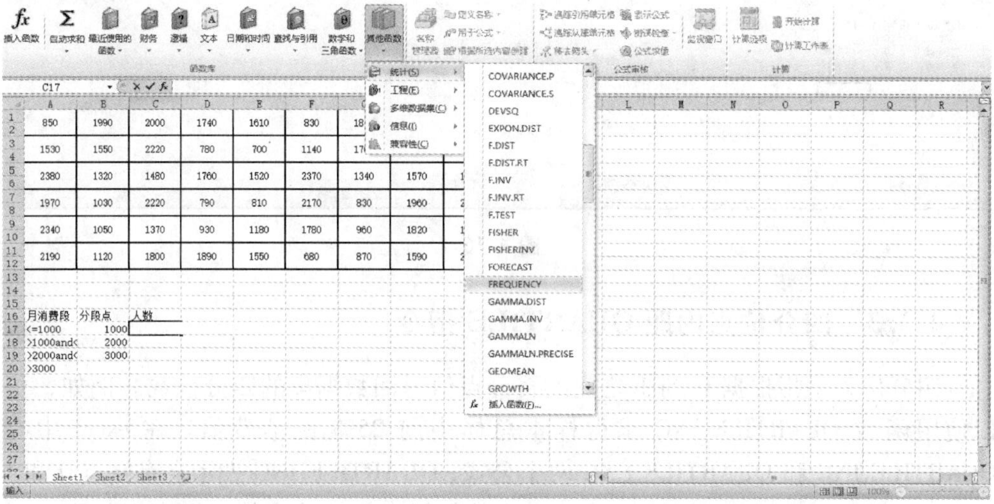

图 4. 14

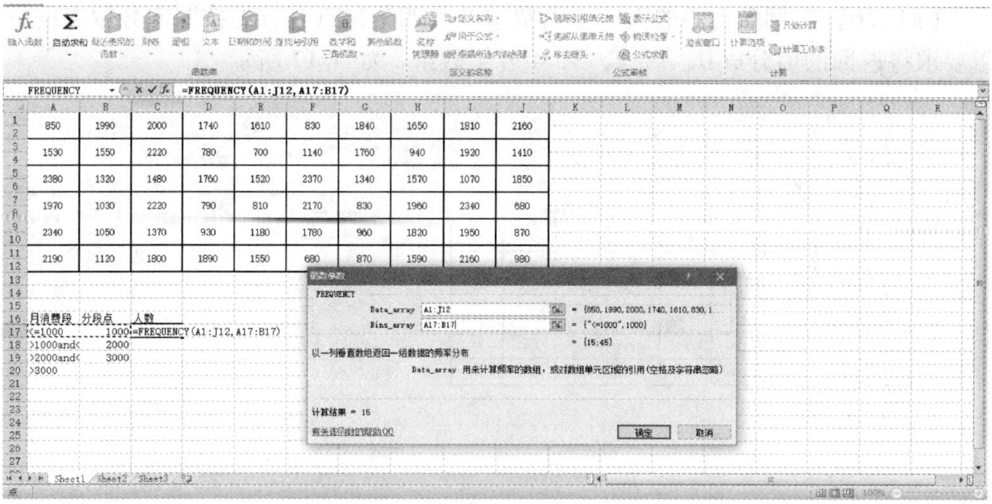

图 4. 15

图 4.16

4.3.3 四分位点内距 QUARTILE 指令

四分位点是指根据 0 到 1 之间的百分点值返回数据集的四分位数。例如，可以使用函数 QUARTILE.INC 求得样本总体中前 25% 的消费值。在 excel 中有 QUARTILE.INC 和 QUARTILE.EXC 两个公式，QUARTILE.INC 表示含有端点 0 和 1 的数组，QUARTILE.EXC 表示不含 0 和 1 的数组。这里端点值对研究者的影响不大，所以研究者选择 QUARTILE.EXC 公式。

【例 4.6】对例 3.1 中的大学生消费水平求四分位点。首先按照四分位点的分组要求将返回的值分成 0，1，2，3，4 五个数组，如 4.17 所示。

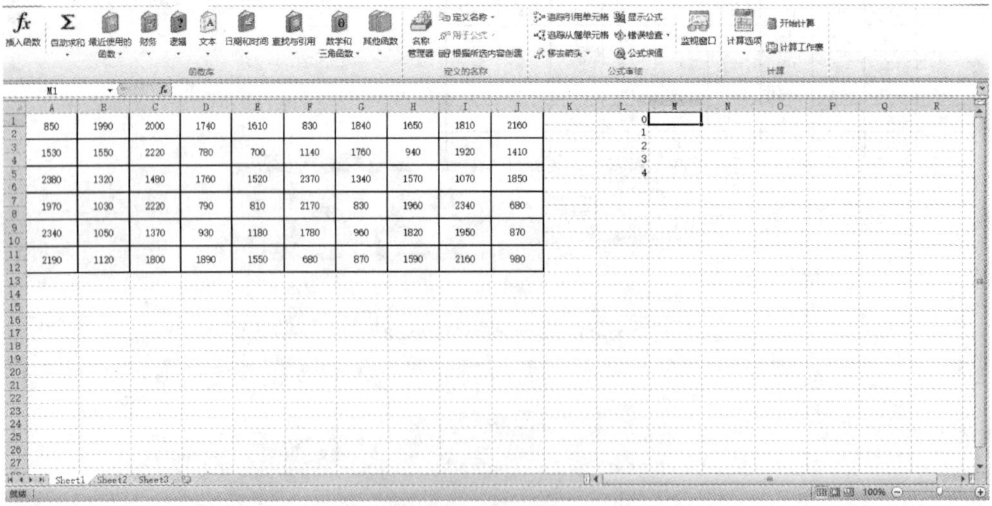

图 4.17

选择“公式”→“其他函数”→“统计”→“QUARTILE. INC”函数，如图4. 18所示。弹出“QUARTILE. INC”函数对话框，鼠标拖动选定数据或直接在“函数参数”中输入选定数据范围（date_array），例如A4：J9。选定数据范围（date_array）后再选择分组数据（Bins_array），例如L1，如图4. 19所示。点击“确定”按钮，即得到频率QUARTILE. INC数值。即可得样本中大学生消费水平在起始点时的数值为680，重复以上操作便可得到研究者所要求的所有的四分位点值，在第一个四分位点的数值是107. 5，如图4. 20所示。

图 4. 18

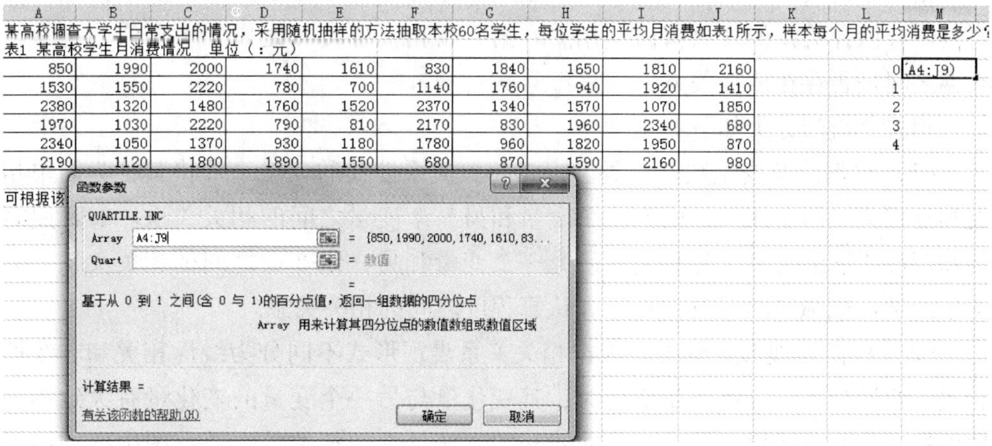

图 4. 19

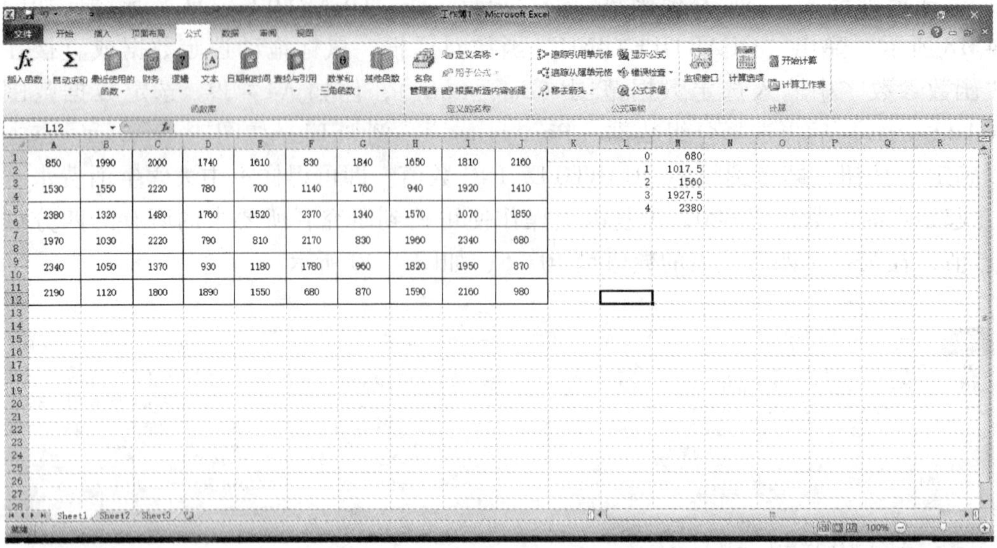

图 4.20

4.4 常见的多变量分析

多变量分析是单变量分析的延伸，是当统计资料中有多个变量的时候同时存在的统计分析。常见的多变量分析包括相关分析、回归分析、聚类分析和因子分析等。使用 SPSS 等统计软件可以方便快捷地进行多变量分析，Excel 也可以承担一些简单的多变量分析。

4.4.1 简单相关分析

相关分析（correlation analysis）是研究变量之间是否存在某种依存关系，并对具体有依存关系的现象探讨其相关方向以及相关程度。比如学生自信心与学习兴趣之间是否存在依存关系。

相关分析的分类如下：

（1）根据涉及变量数量分类。根据相关关系涉及的变量个数将其分为简单相关和复相关。简单相关：研究一个变量和另一个变量之间的相关关系。如日照时间和西瓜甜度的关系。复相关：研究一个变量和另一组变量之间的相关关系。如学生的学习成绩与学习时间及上课认真程度之间的相关关系。

（2）根据表现形式分类。根据相关关系表现形式不同分为线性相关和非线性相关。线性相关：一种变量变化时，其变化量与另一个变量的变化量有大致相同比例的变化。非线性相关：又称曲线相关，变量之间相关关系散点图中的点接近于一条曲线。

（3）根据变化的方向分类。根据相关方向不同分为正相关和负相关。正相关：两个变量同增同减趋于在同一个方向变化。负相关：一个变量增加另一个变量却减少，两个变量趋于相反方向变化。

（4）根据相关程度分类。根据相关程度可将相关关系分为不相关、低度相关、显著相关、高度相关和完全相关。不相关：两变量的变化相互完全没有关系。完全相关：一个变量的变化完全由另一变量的变化所确定。低度相关、显著相关和高度相关则位于完全相关和相关之间。

Excel 能够体现简单线性的相关分析，更为复杂的相关分析可以使用 SPSS 软件来实现。

【例 4.7】某学校以学生的学习兴趣为主题展开了调查，其中学生自信心和学习兴趣的数据见附录 1，学生自信心与学习兴趣是否存在相互关系？

选择“数据”→“数据分析”→“相关系数分析”→“确认”，如图 4.21 所示。弹出“相关系数”分析对话框，鼠标拖动选定数据输入选定数据输入区域，例如＄A＄2：＄B＄193。再选择输出区域，例如＄C＄6。如图 4.22 所示。点击“确定”按钮，即得相关的数据分析。即可得到样本中自信心与学习兴趣相关的系数分析。此时得到的相关系数是指学生自信心和学生兴趣之间的线性相关系数，相关系数的绝对值越大，说明两个变量之间的线性相关性越强。由结果 0.217 352<0.5 这个数据可以看出自信心与学习兴趣的线性相关性不强，如图 4.23 所示。

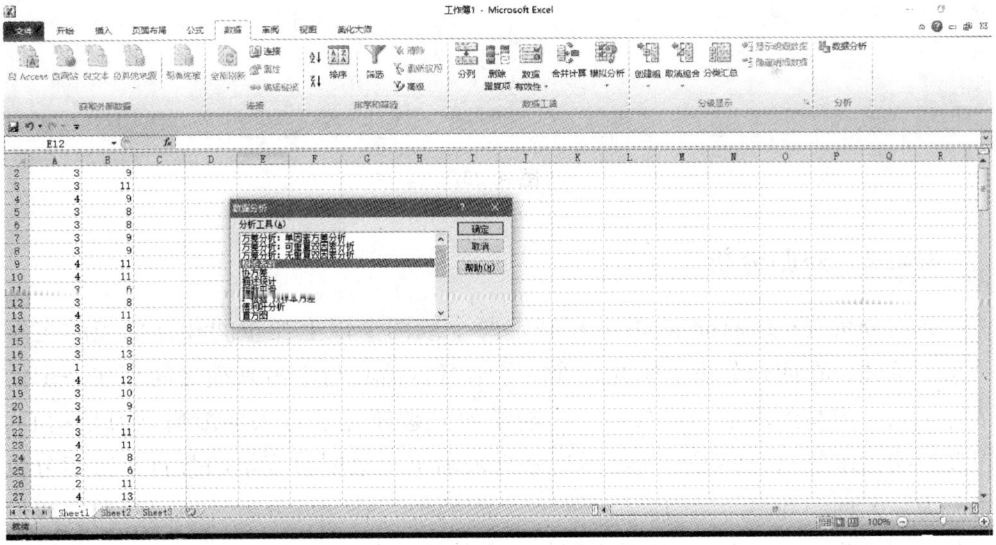

图 4.21

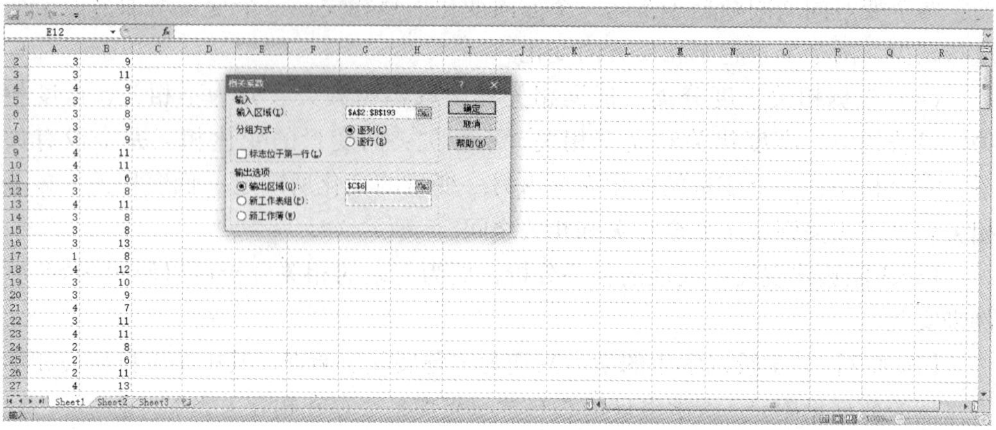

图 4.22

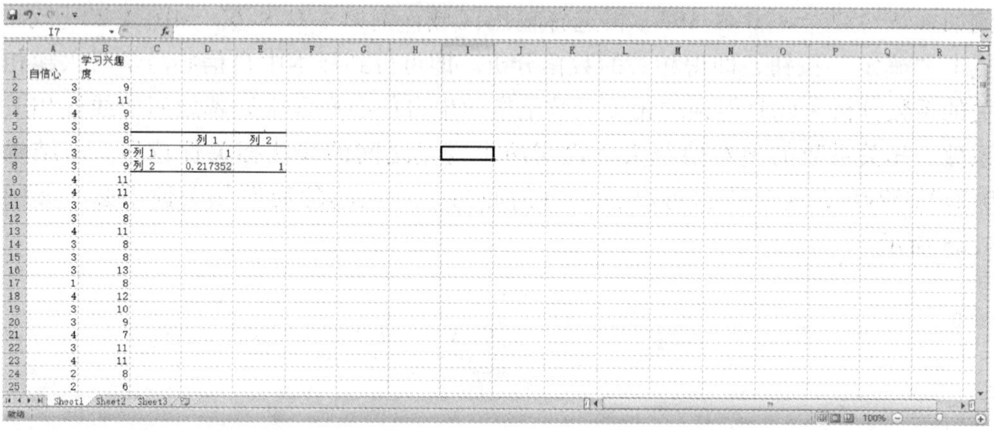

图 4.23

4.4.2 回归分析

回归分析（regression analysis）确定两个或两个以上变量间相互依赖的定量关系。例如，在回归分析中研究者确定了学习自信心与学习兴趣之间存在一定的依存关系，但是到底是学习自信心影响学习兴趣还是学习兴趣影响学习自信心，以及影响程度如何，则需要通过回归分析来确定。根据自变量的数目，回归分析可分为一元回归和多元回归。根据变量之间的关系式，可分为线性回归和非线性回归。利用 Excel 可以完成变量之间的一元线性回归。

【例 4.8】分析例 4.7 中学习自信心与学习兴趣之间的回归分析。

选择“数据”→“数据分析”→“回归”→“确认”，如图 4.24 所示。弹出“回归”分析对话框，可以看到 x 的输入区域和 y 值的输入区域（x 代表数据的自变量，y 表示数据的因变量）。鼠标拖动选定 y 值输入区域，例如 \$B \$2 : \$B \$193。再选定 x 输入区域，例如 \$A \$2 : \$A \$193。选定对话框中的标志，置信度，选定输出区域，例如 C2。其他选项比如残差，正态分布，根据要求可以自行选择，如图 4. 25 所示。点击“确定”按钮，即得相关的数据分析。即可得到样本中自信心与学习兴趣的回归分析，如图 4. 26 所示。

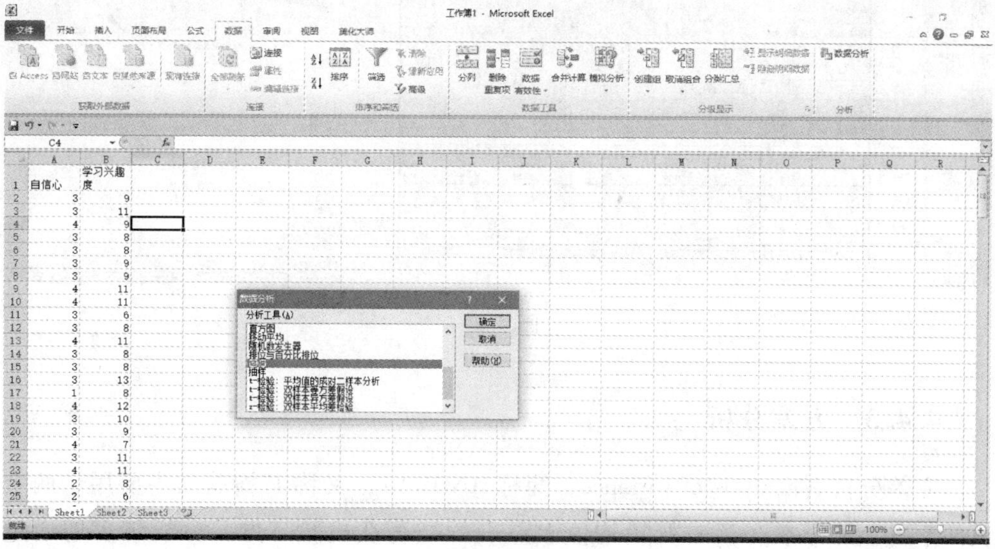

图 4. 24

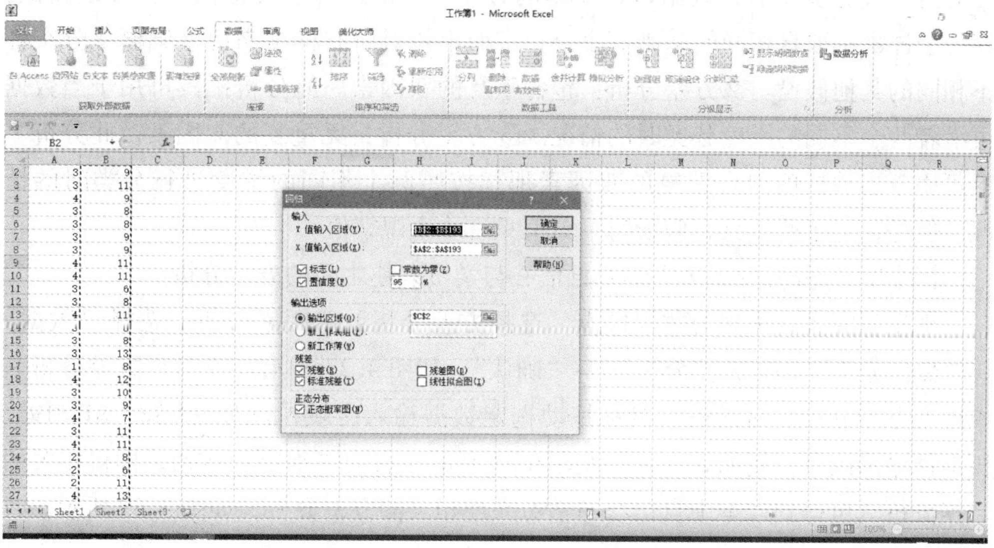

图 4. 25

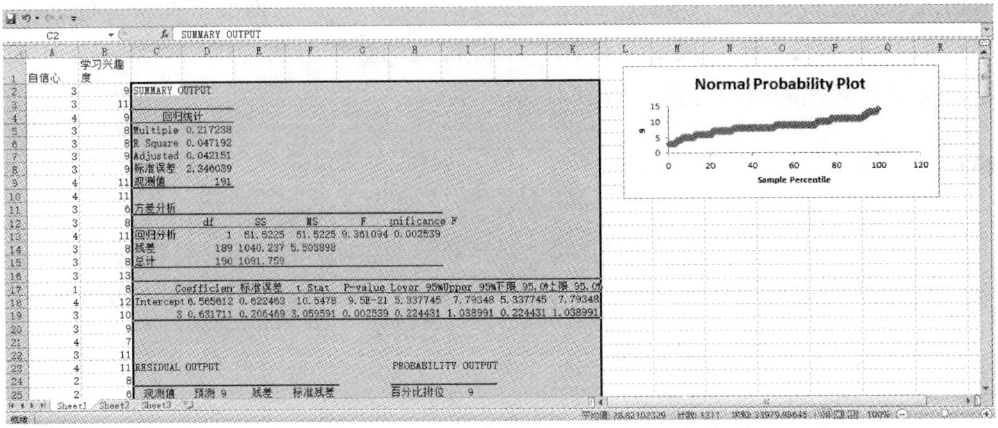

图 4.26

4.4.3 方差分析

方差分析（analysis of variance，简称 ANOVA），又称 F 检验，主要用于两个及两个以上的样本在某一变量均值上差别的显著性检验。方差分析较多地通过 SPSS 软件进行，在 Excel 软件中，方差分析分为：①方差分析：单因素。此工具可对两个或更多样本的数据执行简单的方差分析。此分析可提供一种假设测试，即每个样本都取自相同的基础概率分布，而不是对所有样本来说基础概率分布各不相同的其他假设。②方差分析：包含重复的双因素。此分析工具可用于当数据可沿着两个不同的维度分类时的情况。③方差分析：无重复的双因素。此分析工具可用于当数据项包含重复的双因素那样按照两个不同的维度进行分类时的情况。但是，对于此工具，假设每一对值只有一个观察值。

【例 4.9】分析例 3.7 中学习自信心与学习兴趣之间的方差分析。

根据研究者收集到的数据样本，选择方差分析：单因素分析。选择“数据”→“数据分析”→“方差分析”→“确认”，如图 4.27 所示。弹出“方差分析—单因素方差分析”对话框，鼠标拖动选定数据输入区域，例如 \$A\$2：\$B\$193。再选择输出区域，例如 \$C\$4，如图 4.28 所示。点击“确定”按钮，即得相关的数据分析。可得到样本中自信心与学习兴趣相关的方差分析，如图 4.29 所示。

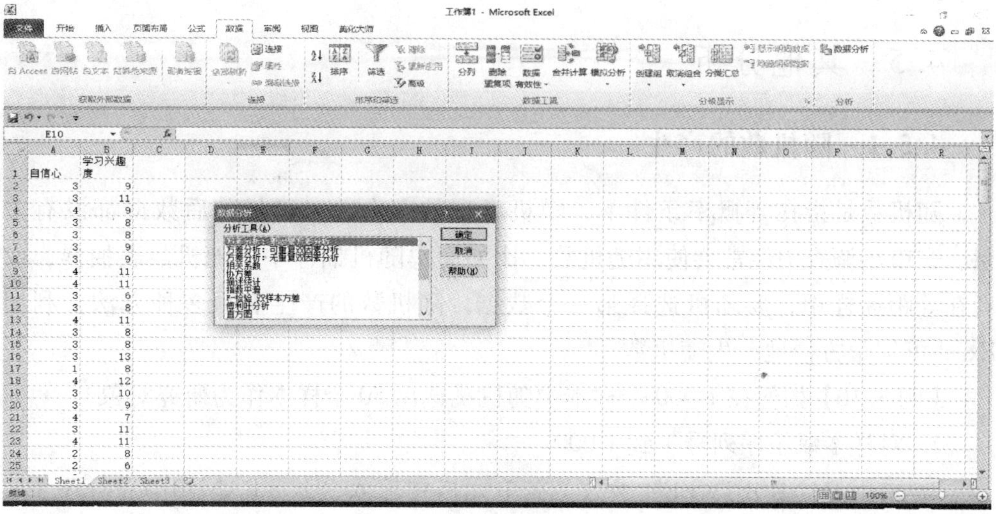

图 4.27

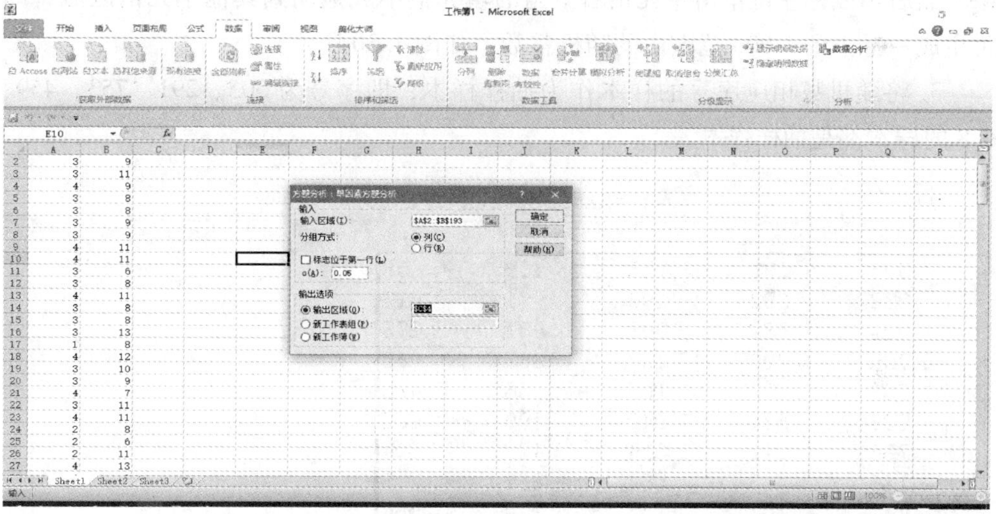

图 4.28

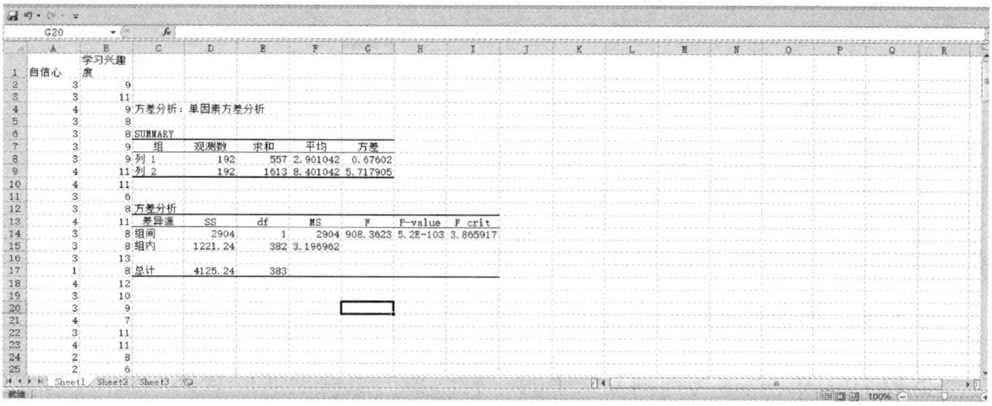

图 4.29

4.5 其他分析

4.5.1 随机数的产生

随机数是指在等概率条件下，随机出现的一个数，它与前后数据都没有关系。在市场调查中经常会使用随机数。比如简单随机抽样中的随机数表抽样，或者在等距抽样中，要随机选择第一个数据。随机数的产生有很多种方法，利用 Excel 可以很方便地产生随机数。

【例 3. 10】如何在 1 000 个样本中随机挑选出 50 个样本作为研究对象？

1. 对样本赋予序列号 1 到 1 000。

2. 采用 RANDBETWEEN 函数。在单元格中输入公式 = RANDBETWEEN（1, 1 000），其中 1 表示要生成的随机整数的下限，1 000 表示要生成的随机整数的上限。然后用鼠标左键单击单元格右下角的填充柄不放拖动到其他单元格区域，即可生成一批 1 到 1 000 范围内的随机整数。如图 4. 30 所示。

3. 将随机数相应序号的样本作为抽样样本，即序号为 505、291、753、459、658 的样本都是抽样样本。

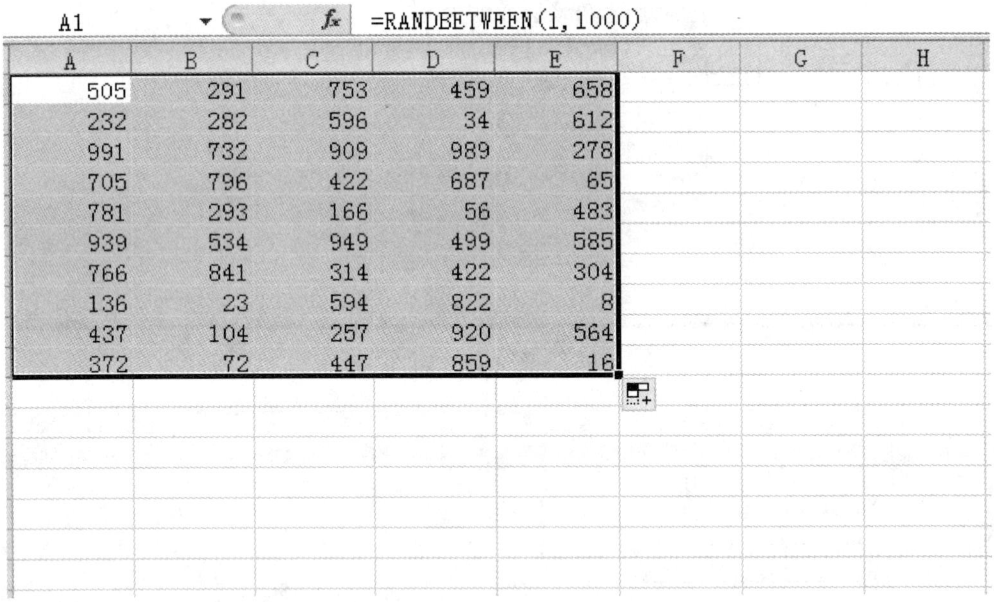
A1 fx =RANDBETWEEN(1,1000)

A	B	C	D	E	F	G	H
505	291	753	459	658			
232	282	596	34	612			
991	732	909	989	278			
705	796	422	687	65			
781	293	166	56	483			
939	534	949	499	585			
766	841	314	422	304			
136	23	594	822	8			
437	104	257	920	564			
372	72	447	859	16			

图 4. 30

4.5.2 指数平滑

指数平滑法，是市场预测方法中的一种。根据上一期实际数据和预测值，运用指数加权的方法计算指数平滑值，建立预测模型，进行预测。根据平滑次数不同，指数平滑法可以分为一次指数平滑法和二次指数平滑法。其中，一次指数平滑法，根据预测对象本期的实际值和本期预测值，并为二者赋予不同的权重，计算出指数平滑值，作为下期预测值。公式为

$$S_{t+1}^{1}=\alpha X_{t}+(1-\alpha)S_{t}^{1} \tag{3-1}$$

式中，S_{t+1}^{1}代表指数平滑值，也就是下一期的预测值，S_{t}^{1}代表本期的预测值，X_t代表本期实际值，α 是平滑系数，其取值范围为 $0\leqslant\alpha\leqslant1$。

【例 4.10】某公司 2005—2014 年的销售量如表 4.2 所示，请用一次指数平滑法预测该公司的销售量，假设 α=0.3（平滑系数，阻尼系数）。

表 4.2　　2005—2014 年某公司销售量表　　单位：万台

年份	2005	2006	2007	2008	2009	2010	2011	2012	2013	2014
销售量	220	260	350	320	380	470	480	560	510	560

选择“数据”→“数据分析”→“指数平滑”→“确认”，如图 4.31 所示。弹出“指数平滑”分析对话框，鼠标拖动选定数据输入区域，例如＄A＄2：＄K＄2。本例中平滑系数 α=0.3，故而阻尼系数为 1−α，其值为 0.7。再选择输出区域，例如＄B＄3，选择图标输出如图 4.42 所示。点击“确定”按钮，即得指数平滑的预测分析。即可得到样本中的预测值。如图 4.43 所示。

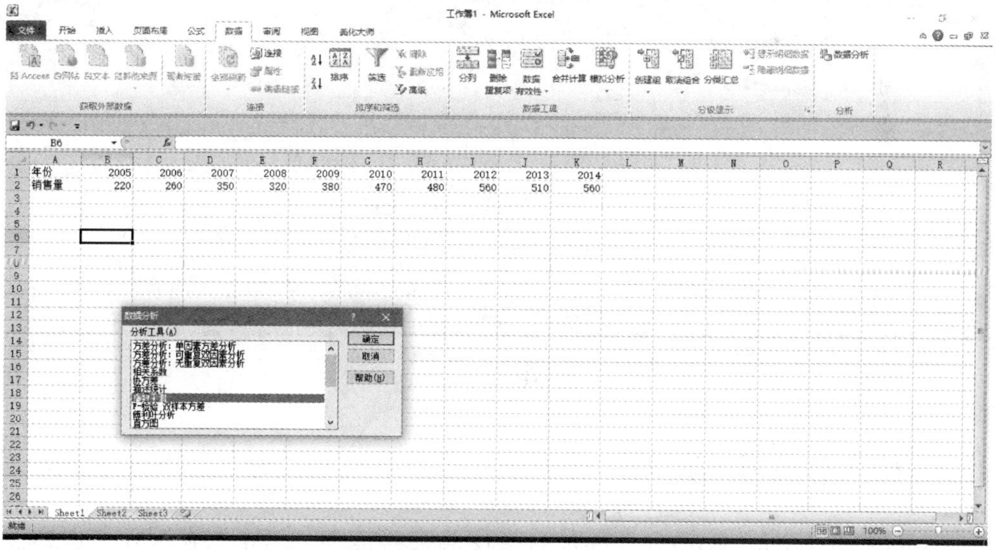

图 4.31

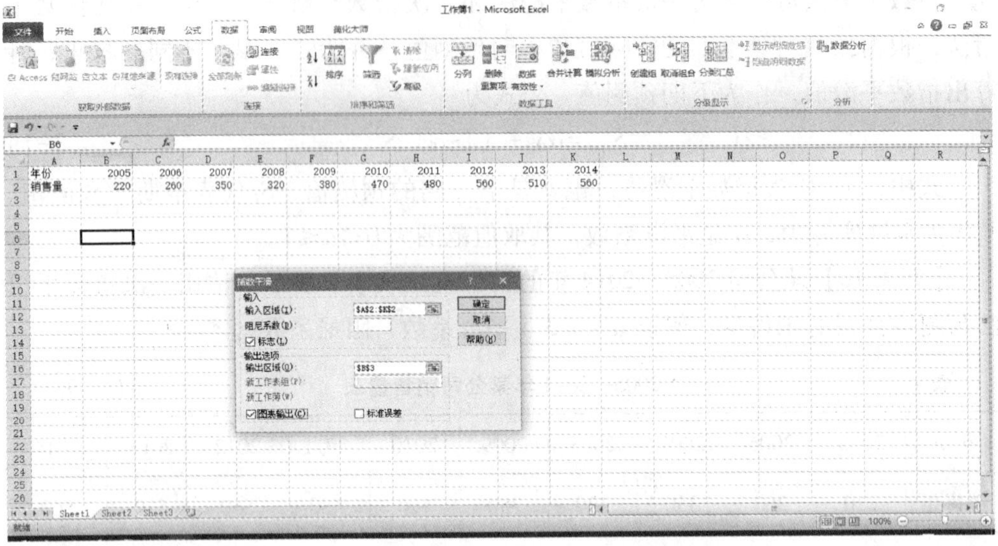

图 4.32

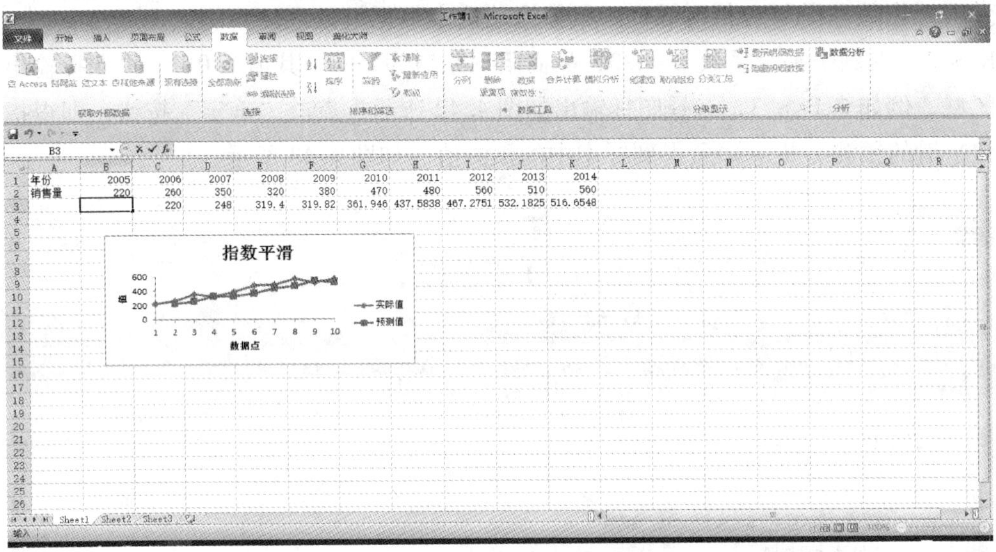

图 4.33

4.6　本章小结

本章介绍了如何应用 Excel 软件对市场调查数据进行简单分析，从严格意义上来说，Excel 并不是专业的统计分析软件。但由于其易于操作和普及性，在进行简单的数据分析时，Excel 仍然可以发挥作用。本章第一节为 Excel 软件介绍；第二节为单变量的集中程度分析分析，包括均值、中位数、众数；第三节为单变量的离散程度分析，包括方差、频率和四分位点内距；第四节为多变量的分析，包括相关分析、回归分析和方差分析；第五节介绍了其他常用的 Excel 操作指令，通过本章学习，学生应掌握Excel简单的数据分析操作指令。

练习与思考

1. 某公司销售部门有30名员工，根据他们的工作表现发放绩效工资，发放的工资金额如表4.3所示。请采用Excel相关指令，计算这组数据的平均数、众数和中位数，并根据你的结果分析三者的不同。

表4.3 销售人员绩效工资 单位：元

12 000	18 000	6 000	8 000	10 000	15 000	15 000	21 000	8 000	6 000
30 000	15 000	10 000	12 000	6 000	20 000	10 000	15 000	8 000	24 000
25 000	10 000	12 000	15 000	18 000	10 000	15 000	25 000	30 000	18 000

2. 18名同学市场调查与预测的期末考试成绩分别为92、68、78、83、84、64、72、86、75、64、82、88、76、65、90、87、91、85。请采用Excel相关指令，计算这组数据的方差、四分位点内距。并计算60~70分段、70~80分段、80~90分段以及90分以上的学生占比。

3. 现有某生产企业2015年的每月生产费用和产量，如表4.4所示。要求：①请采用Excel相关指令，分析生产费用和产量之间的相关关系；②请采用Excel相关指令，建立产量与生产费用之间的一元线性回归模型；③请采用Excel相关指令，计算这组数据的方差分析。

表4.4 企业产量与生产费用数据

	1	2	3	4	5	6	7	8	9	10	11	12
产量（千件）x	42	40	50	55	65	116	130	140	125	100	84	78
生产费用（千元）y	152	136	155	140	150	167	175	175	180	170	165	154

3. 某晚会有180名嘉宾，每位嘉宾入场时都随机领取了一张带有序号的抽奖券。晚会设置了抽奖环节分别要从180名嘉宾中抽出3名三等奖、2名二等奖和1名一等奖。请采用Excel相关指令，产生这组随机数。

4. 某超市去年的销量如表4.5所示，假设$\alpha=0.4$，请采用Excel相关指令，使用一次指数平滑法预测该公司2016年1月的销售量。

表4.5 某超市2015年销量 单位：万元

月份	1	2	3	4	5	6	7	8	9	10	11	12
销量	23	25	34	32	38	36	41	36	42	45	43	47

5 市场调研报告的撰写与陈述

市场调研报告是对整个市场调研项目的总结和提升，为管理者决策提供依据。决策者或调研委托方往往会根据市场调研报告来判断整个市场调研项目的质量。因此，表达准确、美观大方的调研报告是研究者所追求的。

5.1 调研报告的注意事项

5.1.1 根据阅读对象撰写调研报告

如同市场营销要根据目标客户制定具体的营销策略，调研报告也应该根据阅读对象采取不同的表达方式。一般而言，调研报告的读者分为两种：专业技术人员和管理人员。前者关心的是过程，后者关心的是结果。

针对专业技术人员的报告，称为专业性报告。这一类报告要详细阐明调研目的、调研方法、抽样方法、分析和预测的方法、数据来源以及结论与建议等。专业技术人员由此可以判断结论的准确性和可行性。

针对管理人员的报告，称为简要报告。由于管理人员的时间精力有限，报告应该尽量简化，强调分析结果、结论和建议。

5.1.2 完整性与简洁性并存

一份优质的调研报告，既能为读者提供所有的有效信息，同时又应该避免因为过多细节造成的报告冗余。初学者所撰写的调研报告，往往不愿舍去任何收集到的资料，能够达到完整性的标准；同时，由于大量的信息罗列或与主题无关的信息呈现，使得读者不能理解报告的主要内容。此外，如果研究者使用的某些方法是读者熟知的，也应该舍去。

5.1.3 结论必须有数据支撑

调研报告是管理决策的依据，管理人员往往只对调研报告的结论与建议感兴趣，而不会去仔细推敲结论是否有充分的依据和合乎逻辑的推理。常见的结论错误有三种：

一种是人为的，市场调研项目的被委托方为了让委托方更容易接受调研报告，会故意迎合委托方的口味。例如，某家饮料公司欲推出一款新的饮品，委托市场调研公司进行市场需求调研，以判断新饮品推广的可行性。市场调研公司在沟通中察觉出饮料公司的总经理非常想上马执行新饮料的推广计划。因此故意忽略对新饮料推广不利的材料，做出新饮料上市后可以盈利的结论。

另一种是缺乏数据支撑，对数据粗心大意。例如，某银行委托市场调研公司对银行客户满意度进行调查，每月调查一次。市场调研公司发现，在服务人员态度这项指标上，5 月份的客户满意度为 86%，6 月份的客户满意度为 82%。因此做出服务人员态度下滑的结论。如果仅从指标数据的差别上做出这样的结论，是不够充分的。因为数据的差别可能来自于两次调查样本组成的不同，也可能来自于被访者对态度的衡量标准不同。在这种情况下，对两组数据做出方差分析后再下结论是更严谨的做法。

第三种是推理不合逻辑。研究者进行事物推断时，通常基于两种原理：相关推断和类比推断。相关推断是指根据事物之间的相关关系，基于过去或当前的相关资料，结合个人经验做出的推断。类比推断是指依据类比原理，把对象与其他相似事物放在一起加以对比分析，结合个人经验做出的推断。在人们对转基因食品是否危害人体健康莫衷一是的时候，有一位专家发表了这样的论断：90 天的小型猪喂养试验显示，转 BT 基因抗虫水稻与非转基因大米对猪具有同样的营养和安全性。由于在营养和毒理方面，猪胃肠道消化过程与人极为相似，可用于研究药物在体内的动力学变化，而其生理性和杂食性与人的相似性，也有助于营养学的研究。因此，采用猪做试验能更大程度反映出转基因大米对人类食用的安全性。但是，专家的试验结论却引起民众的广泛质疑。一方面，民众质疑实验时间的长度；另一方面，专家使用的类比推断也不合理。

5.2 调研报告的结构

虽然每一份调研报告在表达形式上有所不同，但根据读者的阅读习惯，调研报告有一定的格式规定。一份完整的调研报告可分为三大部分：前言、正文和附录。下面我们以《××移动营销实体片区优化项目》的调研报告为例，阐述一份完整的调研报告应该如何撰写。

5.2.1 前言

前言由标题页、目录和摘要三部分构成。

（1）标题页

标题页（图 5.1）是调研报告独立的一页，说明报告题目、报告的提交对象、报告的撰写者和报告的提供日期。图示中的报告提供方是调研项目的委托方，报告的撰写者是调研项目的被委托方，是咨询公司提供的调研咨询服务成果。对于企业内部调研，报告的提供对象是企业高层或者董事会，报告撰写者是内部调研机构。对于特别正规的调研报告，在标题页之前还要安排标题扉页，该页只写调研报告标题。

图 5.1

（2）目录

目录包含报告章节以及相应的页码，以便读者查阅和理清报告逻辑。较短的报告可以只编写第一层次的目录，如图 5.2 所示。一般的报告包含两个层次的目录。

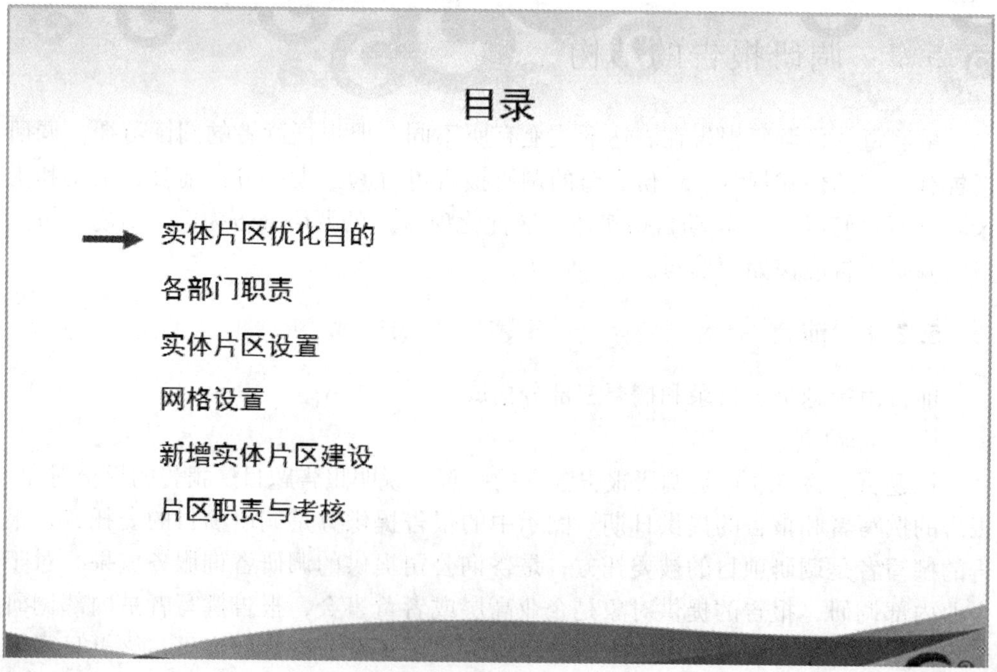

图 5.2

(3) 摘要

摘要是报告的浓缩精华，很多高层管理者由于时间关系，往往只阅读报告的摘要。一般而言，摘要包含四部分：①项目的目的；②得出最主要的结果；③结论；④建议。摘要当中的内容在正文中也有体现，但两者不是简单的重复。

5.2.2 正文

正文一般分为引言、调研过程简述、结果和结论建议四部分。

(1) 引言

引言说明本次调研的背景，为什么要开展这次市场调研，本次调研旨在解决什么问题等。

示例 5-1 ××移动营销实体片区优化报告：研究背景和目的

一、片区的发展历程

片区是在区域化管理思想的指导下，构建的营销服务单位。有的叫做虚拟片区和实体片区，有的叫做服务营销中心，有的叫做营销中心。名称不一，但含义一致，都是把服务营销职能从县公司层面划分到一个更小的单元，从而能更加灵活，贴近市场。

区域化管理即“区域化服务营销与属地化管理掌控”，是对区县分公司所辖市场以“服务营销职能重心下移”“贴近客户，提高工作效率”为原则，细分为若干服务营销营销中心，营销中心内集合营业、服务、客户发展与维系、集团客户营销、渠道管理等多种功能，形成的一个能够支撑各种经营策略和营销活动落地执行的平台。区域化管理实质上是精细管理思想的体现。

从 2003 年开始，中国移动在全国 31 个省市逐步推进区域化管理，其他运营商则启动较晚。比如中国铁通，2007 年以《细化区域经营部经营管理，努力实现企业效益最大化目标》获得了当年的通信行业管理创新成果奖。

由于地理环境、经济发展等要素不同，各省市的移动公司区域化程度也不相同。就目前的情况而言，A 省移动区域化成熟度相对较高：渠道发展时间早，片区经理以及渠道经理对自己的岗位职责清晰，并且片区内有良好的沟通机制等，诸多因素远远领先于其他省份。而区域化成熟度更高的省市，比如重庆，已经在片区化的基础上实行网格化管理，片区内各角色被赋予新的工作职责，由网格经理来负责其网格内的社会渠道、集团客户维护和拓展。

二、××移动片区现状

在 A 省移动地市公司中，××移动片区化建设相对较晚，但是发展迅速。目前硬件设施、人员配置和管理体系基本到位，处于加强基础管理，提高管理效益的阶段。××移动下属 5 个分公司，40 个片区，其中乡镇片区 35 个，大部分片区采用 1+1 模式，部分采用 1+2 模式，并且有在全市统一采取 1+1 模式的倾向。

其他同省兄弟公司，由于市场环境和经济结构不同，所以在片区组建模式上与××移动略有不同。比如成都移动片区覆盖面更大，实体片区管理人员数量更多（城区片区：最低标准为 1+2，最高标准为 1+5；乡镇片区：最低标准为 1+1，最高标准为1+4)，硬件投入更多。××通信市场的基础是农村市场和打工经济，所以××移动的片区组建模式基本符合当地情况。

现行的片区管理体系，可以支撑片区正常运转，但是仍然存在一些问题：片区人员流失率高，素质良莠不齐；片区人员在岗位职责的划分不明确；市公司对片区人员的考核没有一个明确的规范性指导制度，各区县考核执行力度不一；对片区人员的过程难以监控考核；片区人员重营销轻服务，主动意识差；片区人员对集团客户或渠道商的支撑力度不够等问题。

另外，随着业务种类的与日俱增，全业务运营以来日趋激烈的市场竞争，加之中国移动的农村发展策略，对于产品推销技巧，产品营销计划，经销商辅导管理，市场分析与营销策划、现场促销与实施，片区员工管理激励等具体的工作技能被大量需求。

2015年1月13日中国移动召开2015年工作会议，中国移动总裁王建宙在会议中表示“规模推动TD建设运营，提高发展效果”是2015年工作的重中之重。中国移动在会上共提出六项目标：①规模推进TD-SCMDA建设运营，提高发展效果。王建宙着重强调，要探索营销新路，通过双模终端推动2G用户向3G用户转移。②打造差异化竞争优势，增强可持续经营能力。其中包括要加强集团客户市场和家庭市场产品开发和拓展工作，实现集团客户的价值提升。③优化运营商与运营模式以及优化增长结构，保持发展质量和盈利能力。对于2G与3G市场，王建宙表示，中国移动既要维系好现有市场，又要着力拓展新增长领域，逐步改善过度依赖新增用户话务增长的发展模式。④加快建设创新型企业，推进形成创新发展局面。⑤切实加强精细管理和基础管理，着力提升管理效益。⑥统筹内外发展关系，保持稳健和谐的发展环境。

因此，不论是××移动“止于至善”的企业内在需要，还是不断变化的外部环境，××移动现有片区管理体系都需要优化，以达到提升片区管理效率和效果的目的，适应市场需求。为此，××移动首先需要解决以下几个问题：

1. 优化后的片区管理模式是什么样的?

2. 优化后片区人员应该如何配置?

3. 优化后片区人员应该做什么，如何做，如何考核?

（2）调研过程简述

调研过程简述是对调查时间、地点、对象、资料收集方法和抽样方法等作出比较详细的解析。目的是通过细节说明调研的可靠性与可行度。示例5-2节选了××移动营销实体片区优化报告的部分内容。

示例5-2　××移动营销实体片区优化报告：调查过程简述

本次调研主要采用人员访谈，访谈对象包括××移动直属分公司总经理、市场部经理、渠道管理人员；直属分公司片区主管、市场代表及渠道代理商；××移动Y分公司总经理、市场部经理、渠道管理人员；Y分公司片区主管、市场代表及渠道代理商。

三、工作计划安排

本次访谈拟拜访直属分公司和Y分公司。每个公司拜访对象均包括总经理、市场部经理、渠道管理人员、片区主管、市场代表和渠道代理商。拜访时间初步计划直属分公司在12月29日，Y分公司在12月30日。具体见表5.1：

表5.1

序号	访谈对象	访谈时间
1	直属分公司总经理	12月29日上午
2	直属分公司市场部经理	12月29日上午
3	直属分公司渠道管理人员	12月29日上午
4	直属分公司片区主管	12月29日下午
5	直属分公司市场代表	12月29日下午
6	直属分公司渠道代理商	12月29日下午
7	Y分公司总经理	12月30日上午
8	Y分公司市场部经理	12月30日上午
9	Y分公司渠道管理人员	12月30日上午
10	Y分公司片区主管	12月30日下午
11	Y分公司市场代表	12月30日下午
12	Y分公司渠道代理商	12月30日下午

四、访谈内容

为了了解各片区的管理现状，本次访谈主要包括以下几个方面的内容：①营销服务中心的渠道和集团客户的管理现状；②片区主管当前的工作职责，他们对于集团客户的重视情况；③片区主管考核指标构成情况；④客户经理的职责和考核内容，考核权重的合理性；⑤渠道对于当前管理状况和培训效果的意见反馈；⑥市场代表的工作内容和考核指标的合理性；⑦对于客户经理工作手册和市场代表手册的初步意见。

五、访谈目标

本次访谈拟达成以下目标：了解直属分公司和Y公司的管理现状，并作为样本进行分析；了解直属分公司和Y公司各层员工对于当前管理问题的看法；了解片区主管或客户经理相关的考核指标体系，为改进考核指标做准备；了解渠道商对当前管理状况和培训效果的意见和建议；了解市场代表的考核指标，为改进考核指标做准备；形成初步的客户经理工作手册和市场代表手册改进意见。

（3）结果和结论

调查结果是调查报告的主体部分，主要是将调查收集的信息以图表的形式进行展示和说明。有时候，研究人员还需要对图表所隐含的趋势、关系等加以客观的描述和分析。相对于结果而言，结论更带有研究人员的分析和主观意见。对于同一个结果，不同的研究人员可能有不同的结论。例如，市场调研显示，对于一个新产品，64%的被访者表示愿意购买，25%的被访者表示视情况而定，11%的被访者表示不愿意购买。乐观的研究人员会得出新产品可以上市的结论，保守的研究人员会要求做第二轮市场调研。示例 5-3 节选了××移动营销实体片区优化报告的部分内容。

示例 5-3　××移动营销实体片区优化报告：调研分析与结论

- 公司在片区发展模式选择上思想不统一：2005 年公司推行片区化以来，公司片区发展历程表现为：片区数量增多片区规模减小，“缩小管理宽度，加大营销深度”也是片区优化的原则。但由于出现片区建设成本增多、管控难度加大等问题，在公司内部对片区发展模式的选择仍存争议，有倾向于片区不断细化，也有倾向于合并片区的呼声。片区发展模式的选择是一个战略问题，战略上的问题公司上下需保持高度一致，否则必然会带来行动上的不协调。
- 对片区人员的职责没有建立统一的认识：公司领导层面认为片区人员工作相对简单、工作较轻松，薪酬待遇超过了其工作难度和工作量；员工层面认为工作繁杂、任务指标太重、工作压力大，公司对基层的支撑不够。
- 各片区人员工作量差异较大，人员容易产生情绪。根据每人负责的网点数量和每人负责的集团客户数量两个指标，各片区人员工作量差异较大。
- 片区未发挥应有的作用。片区对村级渠道和社区渠道的开拓未发挥应有的作用；资源的下沉作用未完全体现，主要是宣传物料等没有配送到位；片区对渠道网点和集团客户的支撑不够；片区对市场信息的分析能力较弱，对区域市场的营销策划和开拓能力较弱。
- 片区一线队伍建设有待整合强化。片区人员素质，特别是片区主管素质有待提升；片区主管应在片区团队建设和团队激励中发挥更大的作用；片区主管往往碍于情面，在市场代表或客户经理的绩效评定中打人情分，使得考核不能反映人员真实情况；1+2 模式下，客户经理的绩效指标由集团客户部下达，但是表现由片区主管评定，内部职权有待明确；县公司层面相关主管的管理水平对片区的影响较大。
- 片区员工手册需要进一步完善。由于日趋激烈的市场竞争、日益剧增的业务种类、收入增加点的变化以及中国移动战略目标，片区人员应该掌握以下技能，并且这些技能需要在员工手册中体现：产品推销技巧、产品营销计划、经销商辅导管理、信息资料管理、现场促销与实施、信息收集与分析、团队激励。
- 片区考核体系不健全。全市未建立统一的片区考核制度；考核制度重营销轻服务；无法对片区人员的一些行为过程进行考核；集团客户在片区主管的绩效考核中权重与贡献不当。

（4）建议

对于市场调研报告而言，可以不提供建议。对于咨询报告，必须提供建议，并且建议是报告的重要价值。随着调研市场的激烈竞争，研究人员也会主动在调研报告中提出意见。根据结论和委托方现状，就如何改进问题提出建议。

示例 5-4　××移动营销实体片区优化报告：员工工作职责建议（见表 5.2～表 5.4）

表 5.2　片区经理工作职责建议

序号	工作职责	含义
1	服务质量管理	通过走访渠道商家和集团客户，抽查市场代表和客户经理的服务质量，及时处理渠道商家和客户投诉，确保渠道商家和客户的满意度
2	市场推广	对于上级下达的目标和要求，负责组织、落实公司各种营销方案；对于片区范围内市场营销、宣传活动的策划、组织与现场管理
3	渠道管理	负责安排、督导市场代表开展对社会渠道、一村一店的拓展、维护、支撑等渠道管理工作，确保片区内渠道稳定率、专营率、首推率、可控率等渠道管理目标的达成
4	集团客户服务管理	负责安排、督导片区客户经理或营销经理开展对集团客户的营销服务工作。保证按时完成上级下达的各项集团营销服务任务
5	人力资源管理	负责本片区团队建设工作，营造良好团队氛围，通过团队协作，达成各项工作目标；采用激励、培训等手段提高片区成员能力，提高成员工作效率和对公司的归属感
6	信息收集与分析	负责监督本片区渠道信息和集团客户信息的收集管理，对片区基础信息承担执行职责
7	培训与会议	通过会议或培训的方式，形成片区内良好的沟通机制，培训内容包括客户服务需求、服务操作规范、服务操作技巧、服务工具、服务注意事项等
8	日常管理	负责监管本片区日常安全、费用、投诉、考勤、纪律等基础管理工作，确保片区各项工作正常、有序、高效的开展

表 5.3　片区客户经理建议职责

序号	工作职责	含义
1	客户拓展	负责发展新的集团客户和个人客户，挖掘异网客户
2	客户关怀	负责定期上门拜访客户，多方式关心客户，积极挽留有离网意向的客户
3	客户营销	针对客户现实需求和潜在需求及时进行多方式的业务推广及终端营销，及时促成业务办理、资格审核和开通
4	客户投诉处理	负责受理客户投诉，及时沟通，积极协调处理，跟踪反馈处理结果
5	客户拜访	通过客户走访，达到客户关怀、信息收集、营销宣传等目的，加强与客户的沟通
6	信息收集	负责收集并分析片区客户基础信息、销售信息、竞争信息等，形成报告上报
7	运营分析	分析片区内集团客户的消费情况，通过经分系统、集团客户预警系统掌握集团客户动态

表5.3(续)

序号	工作职责	含义
8	日常管理	负责目标管理、信息管理、资源管理、生活管理等，负责紧急事件处理

表5.4　片区市场代表工作职责建议

序号	工作职责	含义
1	渠道拓展	根据渠道拓展部署，负责片区渠道网点的开发，达到优化片区渠道结构、提高渠道覆盖率的目的
2	渠道监控	负责片区渠道的实地监督维护，保证渠道正常运作符合规范
3	渠道促销	根据公司促销安排，实施渠道促销；根据片区竞争情况或渠道商的意见，策划并实施渠道促销
4	渠道培训	组织合作商、直销员的培训，及时、准确传达公司政策，解答渠道商疑问
5	渠道投诉处理	负责受理重要客户的投诉，协助渠道成员解决客户投诉
6	渠道拜访与维护	通过渠道拜访，达到渠道监控、信息收集等目的，加强与渠道商家的沟通
7	信息收集	负责收集并分析片区渠道基础信息、销售信息、竞争信息等，形成报告上报
8	运营分析	分析片区内渠道商家的运营情况，负责绩效指标的分解和掌控
9	日常管理	信息管理、资源管理、生活管理等，负责紧急事件处理

5.2.3　附录

附录是指市场研究报告正文中没有包含或者没有提及，但是与正文有关、必须附加说明的部分。这部分通常有调查提纲、调查问卷和观察记录表，还包括调查报告中引用的数据资料、统计报表、研究方法的详细说明。附录的目的是说明调研的科学性以及数据资料的可靠性，同时避免了过多细节模糊主题和让读者厌烦。因此，读者可以根据自己的需要，选择性地阅读附录。

示例5-5　××移动营销实体片区优化报告：附录一

广安移动区县分公司总经理访谈提纲

适用对象：直属分公司总经理、岳池分公司总经理

访谈提纲：

1. 你好，下面将对你关于营销服务中心的管理做一次访谈。我们知道，营销服务中心是最接近市场的移动组织，是为了更好地贴近顾客、提高效率的一种方式，所以如何发挥好它的作用至关重要，请你介绍一下，你分公司营销服务中心管理的基本情况。

2. 据我们的了解，广安移动集团客户的收入占比达到了1/3，集团客户的重要性日益凸显，这就要求我们必须做好两方面的工作：一是集团客户的管理，二是客户经理的管理，请你介绍一下目前客户经理管理的相关情况。

3. 片区基础管理的核心是对人员的管理，比如对市场代表及片区主管的管理，请你描述一下片区主管及市场代表的岗位职责。

4. 请你介绍一下你分公司片区人员的考核现状。你认为如何才能更好地通过考核发挥岗位人员工作的积极性？

5. 请你介绍一下你分公司片区人员的人员选拔及培训现状。

5.3 市场研究报告的陈述与演示

除了提交书面报告，大部分情况下，委托方还要求对研究成果进行口头汇报。口头汇报形式生动，可以加深听众对报告的理解和印象；结构灵活，可以根据听众的兴趣对报告内容进行详细阐述或者省略；沟通效率高，对于听众有问题的地方，可以当面解答。口头报告还可以召集多名相关人员共同参加，达到横向沟通的目的。经过共同探讨，还能达到头脑风暴的效果。

5.3.1 陈述和演示的准备

（1）汇报提纲

汇报提纲应包含调研报告的主要部分和重要发现，其顺序可能和调研报告有所不同。为了引起听众的兴趣，可以采用倒叙的模式，先演示结果再讲解过程。

（2）可视化材料

可以将调研报告生成PPT格式文件或者PDF格式文件，方便讲解人将报告投影到屏幕上。口头报告应尽量使用图表进行阐述，可采用色彩、声音、动画等手段引起听众对关键部分的注意力。

（3）调研报告的复印件

由于口头报告会省略很多细节，因此，可以向听众提供调研报告的复印件。

5.3.2 演示与陈述的注意事项

（1）事前准备。做好演示与陈述的关键，在于充分的事前准备。首先，陈述人要了解听众。有哪些人会听取口头汇报，他们的职位、文化水平和兴趣爱好。其次，陈述人要了解陈述和演示的内容。哪些是报告的重点，哪些部分可能引起听众的兴趣，哪些地方可能会有听众提问。并且，陈述人还要能熟练使用各种媒体工具进行演示，特别是PowerPoint。

（2）过程控制。在陈述与演示过程中，陈述人的仪表仪态、着装语言等因素都会影响听众对报告内容的理解。陈述人还应注意每段内容的时间长度，避免详略不当。此外，陈述人要注意与听众的眼神交流，获取听众感兴趣的信号。

（3）结束后的沟通反馈。在陈述结束之后，要给听众留下一段时间进行提问和解答。在出现意见分歧时，既要善于坚持自己的意见，同时也要注意谦虚和善的态度。如果确实是自己一方出现错误，要勇于承认并提出修正意见。陈述方需要对整个沟通过程进行记录，并形成会议纪要。特别是要记录双方已经达成一致的意见和需要改进的地方，并且根据会议纪要完善调研报告。

5.4 本章小结

本章介绍了如何撰写市场调研报告以及如何进行报告陈述。市场调研报告的撰写有很多技巧和风格，本书总结了常见商业调研报告的撰写规律。第一节介绍了报告撰写的注意事项；第二节介绍了常见的报告格式；第三节介绍了报告的陈述和演示。

练习与思考

1. 市场调研报告的内容构成是什么？
2. 调研报告的摘要包含哪些内容？
3. 调研报告的正文包含哪些内容？
4. 进行陈述和演示的注意事项是什么？
5. 结合本章内容和调研数据撰写市场调研报告。

6 市场调查与预测实训考核

课程考核作为实训课程的必要环节，其规范性和标准性往往被人忽略。一个好的考核制度，不但是对学生表现的激励，同时也是对课程的提升和完善。

6.1 课程考核方案

6.1.1 考核方案说明

（1）本考核方案依据《市场调查与预测实训教学大纲》和《市场调查与预测实训指导书》编写而成。

（2）本考核方案旨在提升课程实训效果、鼓励学生积极参与和帮助教师全面客观地考核学生。

（3）本考核方案是对结果的考核，也是对过程的考核。考核依据包括学生在各个实验完成的成果，即市场调研综合实践中各阶段成果，也包括学生在整个市场实训中的参与积极性、团队合作、工作态度等。

（4）本考核方案是对学生的360度全方位考核，包括指导教师打分和学生互评。

（5）本考核方案立足于实际。考核指标参考了企业在选择市场调研公司时的评价指标，以及委托企业对各阶段成果的评价指标。

6.1.2 考核指标

课程考核指标如表6.1所示：

表6.1 考核指标体系

一级指标	二级指标	考核标准	分值	评价分值	考核人与考核方式
1. 实训过程得分（25分）	1-1 团队纪律	学生在实训期间的出勤情况，是否有迟到早退或者缺勤的现象	5分		由同一模拟企业学生互评进行评级
	1-2 工作任务	学生在模拟企业的工作分工以及工作完成情况，工作量是否合理以及工作职责承担	10分		由同一模拟企业学生互评进行评级
	1-3 团队合作	学生在模拟企业的合作情况，能否与他人共同完成任务，支持协助他人	10分		由同一模拟企业学生互评进行评级

表6.1(续)

一级指标	二级指标	考核标准	分值	评价分值	考核人与考核方式
2. 调研方案得分(10分)	2-1 调研方案可行性	调研方案所提出的调研计划是否易于操作、数据收集是否容易等	5分		由教师评判学生调研方案进行评级
	2-2 调研方案经济性	调研方案所提出的调研计划在经费方面是否节约	5分		由教师评判学生调研方案进行评级
3. 调研问卷得分(15分)	3-1 问卷完整性	问卷是否包含了所有要调查的问题	5分		由教师评判学生调研问卷进行评级
	3-2 问卷逻辑性	问卷的顺序安排、题目选择等是否具有逻辑	5分		由教师评判学生调研问卷进行评级
	3-3 问卷通俗易懂	问卷在文字表达和题型选择上是否合理简洁	5分		由教师评判学生调研问卷进行评级
4. 调研报告得分(50分)	4-1 调研报告提交及时	能否在教师规定的时间内提交调查报告	5分		由教师评判学生调研报告进行评级
	4-2 调研报告格式	所提交的调查报告格式是否符合规范	5分		由教师评判学生调研报告进行评级
	4-3 调研报告分析与建议	调查报告分析是否深刻准确，是否与调查内容吻合等	20分		由教师评判学生调研报告进行评级
	4-4 调研报告陈述	调查报告陈述是否条理清晰，仪表仪态大方得体等	20分		由教师评判学生调研报告进行评级

6.1.3　考核细则

各项指标的考核细则如表6.2~表6.5所示：

表6.2　　实训过程各项指标细则

	等级	说明
1-1 团队纪律	A（1.0）	所有课程均按时出席，没有迟到早退
	B（0.8）	所有课程缺勤1次，迟到或早退2次记为缺勤1次
	C（0.6）	所有课程缺勤1次以上，3次以内；迟到或早退2次记为缺勤1次
	D（0.4）	所有课程缺勤3次以上
1-2 工作任务	A（1.0）	工作量饱满，工作难度大
	B（0.8）	工作量适中，工作难度一般
	C（0.6）	工作量较少，难度一般；或者工作量适中，无难度
	D（0.4）	工作量较少，并且工作无难度

表6.2(续)

	等级	说明
1-3 团队 合作	A（1.0）	积极主动协调团队成员，主动配合队员工作需求，能够听取队友意见并主动分享工作经验
	B（0.8）	被动协助他人工作，被动听取他人意见
	C（0.6）	对团队安排和协助他人事宜推诿，态度消极
	D（0.4）	不能听从团队安排和队友意见，容易与队友发生冲突

表6.3 **调研方案各项指标细则**

	等级	说明
2-1 调研 方案 可行性	A（1.0）	调研方案目的明确，对抽样方法、调查方法、时间进度等方面充分分析与论证
	B（0.8）	调研方案目的明确，分析全面但是缺乏可行性论证材料
	C（0.6）	调研方案目的明确，分析不全面或者所提出的抽样方法、调查方法等难以实现
	D（0.4）	调研方案目的模糊，所提出的调研思路和调研方法等不能解决问题
2-2 调研 方案 经济性	A（1.0）	调研方案所提出的调研方法、抽样设计等，是能够解决问题的最经济方案
	B（0.8）	调研方案能从经济效益出发，制定调研方法、抽样设计等
	C（0.6）	调研方案缺乏对成本节约的考虑
	D（0.4）	调研方案完全没有考虑成本节约

表6.4 **调研问卷各项指标细则**

	等级	说明
3-1 问卷 完整性	A（1.0）	问卷所设置的问题能够完全覆盖调研目的需要解决的内容，并且基本没有冗余问题
	B（0.8）	问卷所设置的问题能够完全覆盖调研目的需要解决的内容，但是有大量冗余问题
	C（0.6）	问卷所设置的问题能够基本覆盖调研目的需要解决的内容，但是遗漏了个别内容
	D（0.4）	问卷设置的问题有遗漏，没有询问与调研目的密切相关的内容
3-2 问卷 逻辑性	A（1.0）	问卷逻辑性强，条理清晰，选择题选项没有交集、没有遗漏
	B（0.8）	问卷顺序安排合理，选择题选项有交集或者有遗漏
	C（0.6）	问卷顺序安排得当，有跳问错误，选择题选项有交集或者有遗漏
	D（0.4）	问卷逻辑混乱，逻辑错误

表6.4(续)

	等级	说明
3-1 问卷通俗易懂	A（1.0）	问卷题型设置合理，文字通俗易懂
	B（0.8）	问卷题型设置合理，文字含糊不清、词语过于专业性
	C（0.6）	问卷题型设置合理，题项含糊不清或者具有引导性
	D（0.4）	问卷题型不合理，问卷表达晦涩难懂、语义有歧义

表 6.5　　调研报告各项指标细则

	等级	说明
4-1 调研报告提交及时	A（1.0）	调研报告准时提交
	B（0.5）	调研报告未能按时提交
4-2 调研报告格式	A（1.0）	报告格式完整、美观大方
	B（0.8）	报告格式完整，排版、色彩、图表等安排不合理
	C（0.6）	报告格式不完整，过多的文字表达，缺乏图表
	D（0.4）	报告格式不完整，缺少重要内容
4-3 调研报告分析与建议	A（1.0）	全面深刻地分析调查问卷结果，结论与分析吻合，能够提出合理化建议
	B（0.8）	全面地分析调查问卷结果，结论与分析结果不吻合
	C（0.6）	全面地分析调查问卷结果，无法提出合理化建议
	D（0.4）	只是简单地分析了问卷，没有结论和建议，不能对分析中出现的问题提出合理解释
4-4 调研报告口头陈述	A（1.0）	仪表仪态大方得体、熟悉报告内容、陈述生动形象、能够回答听众提问
	B（0.8）	举止得当、比较熟悉报告内容、陈述流畅、勉强能够回应听众提问
	C（0.6）	照本宣科地陈述报告、与听众没有眼神交流，难以回答听众提问
	D（0.4）	非常不熟悉报告内容，不能对报告进行阐述，无法回答听众提问

6.2　考核实施

市场调查与实训考核的实施由指导教师组织学生共同完成，在实施课程考核中要把握好以下方面的内容：

6.2.1　实训成果

（1）市场调查与预测实训考核方案所指的实训成果是指浙科市场调研模拟教学软件实验管理模块中，三个阶段的实验成果：①第一阶段实训成果为市场调研方案；②第二阶段实训成果为调研问卷；③第三阶段实训成果为市场调研报告。

（2）实训成果的提交方式为：市场调研方案和调研问卷由学生在浙科市场调研模拟教学软件上完成，指导教师在教学软件上审阅；市场调研报告由学生撰写后提交纸质文档，并进行口头陈述。

（3）实训成果的提交格式：市场调研方案和调研问卷没有格式要求；市场调研报告由学生使用 PowerPoint 软件撰写。

（4）实训成果的提交日期：市场调研方案和调研问卷在上机实验结束前提交；市场调研报告在上机结束后四周内提交。

6.2.2 实训时间安排

（1）学生上机实验，指导教师根据学生实验进度审阅市场调研方案和调研问卷，并予以指正。指导教师完成该部分的实验成果评分。

（2）上机实验结束四周内，学生提交市场调研报告，并由指导教师组织学生进行调研报告会，评定该部分的实验成果。

（3）报告会结束时，学生完成互评工作。

（4）指导教师于三周内完成每位学生的实训综合成绩，并完成课程材料。

6.2.3 课程材料

在实训结束后，指导教师需要整理课程材料，作为课程质量的保障。课程材料包括：

（1）实训教学大纲。实训教学大纲是对实训的指导意见和实训安排纲要，包括实训目的、实训计划、实训流程、实训内容等。

（2）实训成果。实训成果是学生完成实训课程的依据，市场调研方案和调研问卷由系统自动保存，调研报告由学生向指导教师提交纸质文档。教师评定成绩后，调研报告移交给学院实验中心。

（3）学生考勤。学生考勤是学生课程成绩的参考标准。在学生互评时，指导教师可以公布学生考勤，作为课程成绩中学生纪律的打分依据。

（4）课程总结。课程总结是考核体系的最后环节。教师通过总结了解学生实训效果和实训课程存在的问题，为课程的改进完善提供参考资料。课程总结主要报告三个方面：①市场调查与预测实训课程的开展情况。不管预案如何完善，每一次实训都可能有新的情况出现。指导教师通过记录开展情况，可以摸索规律，为下一次实训做准备。②学生实训过程表现，包括学习态度、出勤、学习积极性等。如表 6.6 所示。③学生课程成绩分析，总结课程存在的问题和改进的方向。如表 6.7 所示。

表 6.6　　学生实训过程记录表

出勤到课情况	好□　良□　一般□　差□
课堂纪律	好□　良□　一般□　差□
时间进度	好□　良□　一般□　差□
学习积极性	好□　良□　一般□　差□
学习效果	好□　良□　一般□　差□
考风、考纪	好□　良□　一般□　差□

表 6.7　　学生课程成绩分析

90~100 分		80~89 分		70~79 分		60~69 分		50~59 分		50 分以下	
人数	百分比	人数	百分比	人数	百分比	人数	百分比	人数	百分比	人数	百分比
5	13.89%	18	50%	12	13.3%	0	0	1	27.8%	0	0

6.3　本章小结

本章介绍了指导教师和学生为了获得高质量的实训成果，需要完成哪些工作。第一节是实训考核体系，为指导教师评定实训成绩提供了参考意见，让学生了解成绩如何构成。第二节是实训结束后的相关工作，为指导教师完善实训课程提供分析思路，让学生了解实训成果的界定和提交。

练习与思考

1. 模拟企业成员讨论现有考核体系有哪些不足。
2. 是否需要设置互评成绩？如何使互评成绩做到公平公正？

附录1　学生自信心与学习兴趣程度

学生编号	学生自信心程度	学习兴趣程度
1	3	9
2	3	11
3	4	9
4	3	8
5	3	8
6	3	9
7	3	9
8	4	11
9	4	11
10	3	6
11	3	8
12	4	11
13	3	8
14	3	8
15	3	13
16	1	8
17	4	12
18	3	10
19	3	9
20	4	7
21	3	11
22	4	11
23	2	8
24	2	6
25	2	11
26	4	13
27	4	9

续表

学生编号	学生自信心程度	学习兴趣程度
28	1	11
29	3	4
30	4	5
31	3	12
32	3	9
33	3	9
34	4	11
35	3	11
36	3	9
37	1	6
38	3	11
39	4	11
40	1	7
41	3	11
42	3	8
43	4	9
44	4	11
45	3	8
46	3	7
47	1	9
48	3	10
49	2	8
50	4	9
51	3	8
52	4	11
53	3	8
54	2	5
55	4	11
56	1	8
57	3	10
58	2	4
59	4	10
60	3	8
61	3	9

参考文献

1. 周筱莲. 市场调查与预测［M］. 北京：外语教学与研究出版社，2012.

2. 马连福，张慧敏. 现代市场调查与预测［M］. 北京：首都经济贸易大学出版社，2012.

3. ［美］菲利普·科特勒. 市场营销原理（亚洲版）［M］. 何志毅，译. 2 版. 北京：机械工业出版社，2010.

4. ［美］德尔 I . 霍金斯. 消费者行为学［M］. 符国群，等，译. 10 版. 北京：机械工业出版社，2007.

5. 庄贵军. 市场调查与预测［M］. 北京：北京大学出版社，2007.

6. 景奉杰，曾伏娥. 市场营销调研［M］. 北京：高等教育出版社，2010.

7. 朱胜. 市场调查方法与应用［M］. 北京：中国统计出版社，2004.

8. 肖院生. 市场调查实务［M］. 重庆：重庆大学出版社，2011.

9. 陈一君. 市场调查与预测［M］. 成都：西南交通大学出版社，2009.

10. 阚雅玲，郭立国. 工商管理类专业综合实训教程：工商模拟市场实训［M］. 北京：机械工业出版社，2007.

11. 吴建安，等. 市场营销学［M］. 北京：高等教育出版社，2011.

12. Excel Home. Excel 2010 应用大全［M］. 北京：人民邮电出版社，2011.

参考文献

[illegible]